U0004572

一人份的幸福剛剛好

李淑明 著

簡郁璇 譯

我們都是隻身一人

卻又一同身在此處

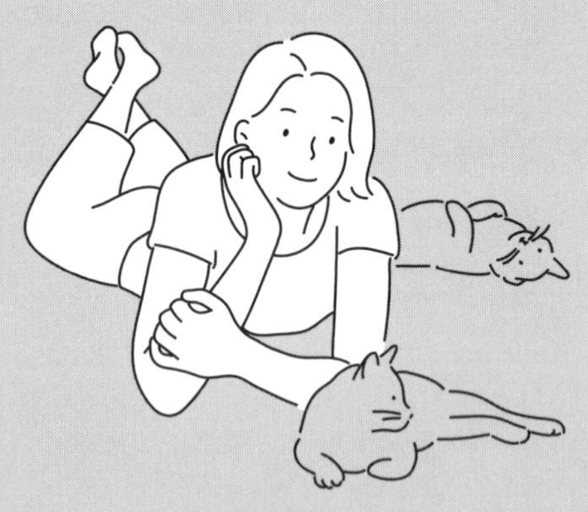

我什麼都能爲你做
除了住在一起之外

我會獨自飲酒

也獨自上烤肉店

促使我們成長的
並非不幸的幸福
而是孤單的自由

我的人生由我過
你的人生由你過
只要我們都能一個人變得完整
那不就行了嗎

一個人也要抬頭挺胸（台灣版序言）

寫這本書的期間，我碰巧遇上了許多來自歐洲的朋友。向他們說明書的主題時，我費了不少心神。只要提到內容是關於如何享受一個人的生活，他們就會百思不解，認為這種事還得出書寫出來嗎？我試著有條有理地解釋，然後不自覺嘆了口氣，因為我必須先從「共同體精神」與「勤奮不懈」對韓國人來說是何等重要的價值說起。就連吃飯或旅行這等日常小事，如果是獨自一人去做，人家就會認為你很奇怪，而且聽到我辭掉公司的工作，過著少賺少花、幸福也恰好適中的人生，也有很多人無法感同身受。我補充說道：

「最重要的是，韓國的女性受到『過了一定年紀，就必須結婚生子、照顧家人』的龐大社會壓力，倘若不順從那份期待，隻身過日子的話，就會被認定是哪裡有缺陷、想法很自私或者是一名孤單寂寞之人。這是完全不符合現代社會的價值觀，所以才會引起一股反作用力，人們對單身生活的關注也與日俱增。」

當我說到這裡時，歐洲朋友們就會開始想像它是什麼偉大的社會學書籍，或是宣言之類的內容。至於副標，不如就寫「從東亞儒教文化與現代價值的衝突之間跳脫出來的女性人生」怎麼樣？幸虧我不需要對台灣讀者長篇大論，大家也能體會我的立場。雖然沒有實際在當地生活，單憑新聞來揣度是件危險的事，不過當我聽聞台灣的單身族家具增加，以及有出生率低落的問題時，也不由自主點了點頭，心想「果然如此」。每當這時候，我也會想起旅途上那些強悍而獨立的台灣朋友們，想著：「他們也是家人絲毫不抱期待的孩子吧？」然後莞爾一笑。

背景解釋得越多，就越顯得這本書好像有多了不起，但其實我是基於好玩所寫的。想必各位也有這種經驗：和好友們約好晚上聚餐的日子，你在公司偶然碰上荒謬誇張或令人捧腹大笑的事，於是在前往約定地點的路上心癢難耐，巴不得能趕快和好友分享，而好友們也一定會對你的故事超有感，與你一個鼻孔出氣，或者成為和你一起噗哧笑出來的共犯。你肯定會苦思，要如何將故事說得更生動有趣，並且揀選用詞。我便是帶著那種心情寫下了此書，主要自然是關於獨自一人所經歷的種種。幸虧書本出版之後，有比想像中更多的人，特別是年輕女性對像我這種「獨自生活的姊姊」的故事心生好奇，而我也因此曉得，原來大家很希望聽到「即使這樣生活也無所謂」的話語；和我處境相似的讀者甚至會說：「因為想法太像了，還以為是我寫的。」或者是「我也想把自己的故事寫出來。」

更令人詫異的是已婚人士的反應。原以為他們壓根兒不會想買這種書，但出乎意料，他們似乎藉由這本書獲得替代性滿足，甚至開始想像

「假如沒有結婚的話，我的人生會怎麼樣？」我領悟了，對某人再自然不過、平淡無奇的故事，對另一個人而言會是一種耳目一新的刺激。我也再次感受到，各方面格外受到社會壓迫的女性分享自己的人生、共享彼此的經驗是何等重要的事，即使是再微不足道的小事。

倘若在台灣也有讀者認為「這和我的想法一模一樣耶，根本我寫的吧？」哪怕是一名也好，我也會高興得手舞足蹈。雖然站在出版社的立場，如果這樣的讀者僅有一名，可能會造成很大的問題，不過站在個人的立場來看，在世界上找到一名和我心意相通的人哪有這般容易呢？簡直就是種奇蹟啊！無論如何，希望這本書成為我們每個人能抬頭挺胸為彼此應援的媒介。感謝出版社同仁和譯者的辛苦付出，希望這份感覺會給大家造成莫大困擾的害羞心情，單純只是我個人的想法，不會成真就好了，哈哈。

李淑明

Part 1 獨自生活

Part 2
不結婚的權利

Part 3
獨自旅行

Part 4
獨自玩樂

Prologue

敬，一人份的完整人生

我一個人住，而且一個人工作。這是將外界影響降至最小的系統。我盡可能不做討厭的事，不見討厭的人，無須誰的許可，想走就走。為了建立這樣的生活基礎，我努力了許久。

母親總是如此說：

「女人啊，如果有能力的話，何必結什麼婚呢？一個人過日子吧。」

一出社會，前輩們如是說。

「這是哪門子的生活？存錢去開炸雞店吧。」

在家庭與公司內顯然沒有我的未來。女超人啊，我來了！

當我決心要當個逍遙自在的孤獨者之後，生活變得單純許多；只是有幾項不便之處。首先是身邊的人，接著是社會排山倒海的嘮叨。先前大家還要我一個人過日子，說假如自己有能力的話，才不會想在公司這種小家子氣的地方上什麼班呢，但對於真要採取行動如此過活的人，他們卻盡是擔憂與詛咒。幸虧從三十五歲過後，家人的嘮叨變少了。大概是厭倦吵架、徹底放棄，或者拿我沒轍吧。

接著是對於未來的不安。我不禁擔心起這種狀態能夠維持多久？如果和這人分手之後，還可能再談戀愛嗎？假如明天沒了工作，那該怎麼辦？如果老了病了，行動不便的話，誰來照顧我？但是我很快地就想到，丈夫與工作也不是什麼太穩當可靠的對策；家人亦同，轉過身就形同陌生人。就算再認真打拚，如果公司倒閉了，或者因為年紀大了被趕出來，比起早早就獨立創業的人也好不到哪去。再說了，關係的模式就是這樣，如果沒有時時保持著「就算沒了我、即便不是這裡，這個人還有許多選擇」的緊張感，很容易就漠視對方，所以不管是結婚或是上班，都需要獨立自主的基礎。最後，我不禁納悶，那與現在有何兩樣？是啊，努力存錢吧。結論總是如此。

最後的不便之處即是孤單。沒有每天打照面，凡事一起商量的人，偶爾會讓人感到無所適從。就算不用從頭到尾說一次，也能明白我最近做什麼事、今天為了什麼事而痛苦的人；不必另外約時間，也能每天見到面的人，不管那是家人或同事，都同樣令人心存感恩。但是，我並不想要他們身上帶著的一堆附加條件。就像有人說過的，沒有必要為了吃根香腸而飼養一頭豬。再說了，如果獨自玩樂成了習慣，這種自在無可比擬。

這些瑣碎的不便之處確實有承擔的價值。舉一個例子，我現在正在峇里島的一家咖啡廳寫這篇文章。我來到這裡剛過兩個月，之所以來這兒，是為了躲避首爾的冬季。等到櫻花綻放的時刻，我就打算打道回府。眼前能看到端詳著蘋果電腦、面露嚴肅表情的光頭男子；身穿管家打扮、慵懶躺在沙發上閱讀的金髮女人；替彼此拍照的日本觀光客。我結交了幾位朋友，游泳技術提升了，也學會了騎摩托車。

隨心所欲地運用時間的自由、想去哪就去哪的從容、能夠遇見任何人的可能性，從一小時到十年後的事，都只需要考慮自己並加以規劃的簡便性，如今成了我人生中最需要守護住的價值。準時領取薪水的公司，替我做菜和處理水電費的同居人，不管子女能夠如何消耗我那多到無處用的愛，又多麼能滋潤我的人生，但我並不想為此犧牲擁有的一切。

乍聽之下，你可能會認為這很自私、很怠惰，但為了讓這適合我的人生架構能夠長長久久，我付出了該有的努力。尋求足夠的工作，不讓帳戶餘額低於一定水平；為了不與世隔絕太久，或者受不必要的關係所牽絆，我小心翼翼地調整與大家的距離，時時努力將自己放在我的世界的中心。因為我深信，一個人也能完整的人，和他人也能相處融洽。我對所有在身邊來去的人，也抱持著相同期待——不會干涉我，或需要我去填補，不多也不少，剛剛好一人份的人。

李淑明

Part 1

獨自生活

支付些微的孤單
就能獲取完整自由

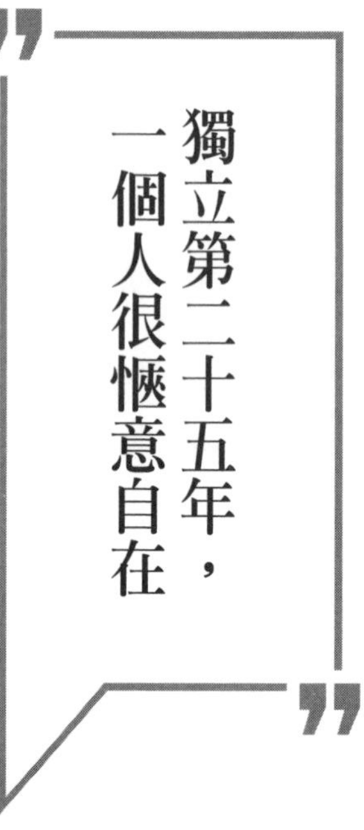

獨立第二十五年，一個人很愜意自在

我什麼都能為你做，
除了住在一起之外。

我在沒有鬧鈴叫醒的狀態下開始一天的作息。為了消除疲倦，我睡了又睡，結果醒來時反倒有些疲睏。那時大約是上午十一點。即便是一個人，我仍使用雙人床加寬的床，這樣才舒服自在。

我大致整理了一下被褥，走到客廳兼書房兼廚房的空間。將廣播調到古典音樂頻道，在冰箱裡翻找有無食物可吃。雖然我一個月會下廚個兩次，但一般都是簡單的水果、豆腐和雞蛋之類的。就算我在吐司上塗了大醬，也沒有同居人會責怪我這麼吃，所以也無所謂；也幸虧我的胃腸與口味更適合未調理的簡樸食物。我隨手拿了出來，擱放在碟子上，煮了一杯咖啡，邊享用早餐，邊翻閱雜誌或看書。

用完早餐，洗漱過後，我打開了電腦。逛毫無用處的網路與賺錢用的工作時間比例大約是九比一，如果不是截稿日，我就會出門去看電影。一週少說有七部以上的電影試映會，但有趣的僅止於一、兩部；但我仍會去看。雖然寫影評賺不了什麼錢，但這是工作，也是嗜好，而且是個出門的好藉口。

在下午很晚的時候，才連同午餐和晚餐一起吃。我多半一個人到餐廳吃飯。這輩子我還不曾因為獨自吃飯而感到難為情。最近很努力改掉用餐時間滑手機的習慣，因為吃飯時分心就無法品嘗食物的味道。我做的飯味道不怎麼樣，所以還無所謂，不過因為是他人所做的食物，所以我想全心全意地去品嘗。

吃完晚餐之後，回家躺著看新聞發懶，接著下班的朋友們就會接二連三地打電話來，主要都是抱怨工作有多辛苦、誰有多難搞之類的。開心的時候，好像就沒什麼人找我。如果時間允許，就叫朋友到家裡或附近的酒館小酌，傾聽朋友說話。如果沒有客人來訪，就獨自小酌，觀賞一部電影或看書，累了就上床就寢。通常，是在過了凌晨四點之後。

我的一天大抵都是如此。雖然有時因為工作的緣故，白天需要外出與人見面，或者和截稿日重疊，連續熬了好幾天的夜，有時也會去旅行，但大致來說是這樣的。這是因為一個人居住才可能的生活模式。我從高一開始就搬到外頭去，在那之後，一直過著沒人指使我做這做那的生活。

偶爾會有人覬覦我的家。幾年前，考上公務員的姊姊因為沒有積蓄，所以跑來我家說要一起住。我們姊妹倆的關係有一點獨特。對我來說，姊姊是父母，是朋友，偶爾又像是妹妹，比世界上的任何人都要親暱。大學時，我們也曾經在一個套房裡生活了好幾年。但年紀超過三十歲，身體適應不規律的生活後，完全不想要住在一起。所以我把家交給姊姊，到紐約和南美旅行了很久，直到聽到姊姊的結婚消息後才回國。

有時也會發生我必須住到他人家裡的情況。因為搬家日期對不上，我有兩週無處可去。當時我還在公司上班，也沒有辦法去旅行。一說出我的難處，包括姊姊和一個人住的朋友們都說願意讓我去住他們家。兩週的時間，就算在他們家中各待兩天也綽綽有餘，但最後我還是選擇了民宿。

我之所以會對和他人同住感到卻步，是基於以下幾個原因。

其一，我無法脫掉內衣，在家中自由走動。我的烏龜頸會變得更加嚴重，而且可能會引起腰痛與呼吸困難。睡覺時，我連內褲都覺得礙手礙腳了，聽到室友說：「要不要吃餅乾？」時，為了有禮貌地拒絕，我必須起身穿上衣服，打開門，接著再脫掉衣服，躺回床上，光想都覺得累。

其二，我不能使用廁所三十分鐘。我的腸子非常長，需要保管食物三天之後才會排出，所以能夠自由進出廁所比什麼都重要。

無法拖延洗碗和打掃工作是在這之後的原因。如果有些人是一有空閒就會處理繁瑣的事，那麼我則是認為，盡可能拖延到最後一次解決，減少次數的方式比較好。

其四，我會因為不規律的睡眠模式而遭來白眼。我經常睡睡醒醒，如果輾轉難眠的話，就會乾脆爬起來做別的事——凌晨三點看電視、畫畫、寫作、做針線活、練習吉他，甚至更改家具位置。有人可能會因此感到不便，如果有人因我感到不便，最後我也會感到渾身不自在。

第五個理由，是因為我無法生活得很荒淫無度！每天更換性伴侶，過得很淫亂是我的夢想呢，有室友的話不是很為難嗎？雖然因為我的條件很嚴苛刁鑽，所以不可能美夢成真，但那希望的火種，始終留存在我心中的某個角落。

最重要的是要留意表情。這部分最為棘手。我就連腦袋沒有在思考時，都經常有人要我打起精神，或者詢問我有何不滿，我可不想為了避免在家遭到誤會而戴上面具。

其他瑣碎的問題，像是無法任意切換電視頻道、無法調節到最適合我的房間溫度、進出家門時必須向同居人報告、必須忍受不符合我喜好的室內裝潢，還有必須清洗自己的身體，直到沒有散發味道為止。

值得玩味的是，在我無家可去，四處漂泊的兩週裡，願意讓我住在他們家中的人，大部分都有最長也就三天的附加條件，甚至當時的男友都說：「三天左右還可以，不過……」然後話尾含糊其辭。

熱情邀請我，唯一說出即便住整整兩週也沒關係的人，是一位母性愛滿到溢出來的朋友。進入那家中的感覺，就像把五名聒噪來賓登場的廣播開得震天響，在四肢遭到緊實綑綁的狀態下被飼養差不多。於是我便明白了。對於獨自生活十年以上的朋友們而言，說出「住三天也可以」是足以比擬骨髓捐贈的偉大犧牲。倘若那些朋友面臨與我相同的處境，我會讓出住家兩週作為報答，然後去旅行，同時說出：「我什麼都能為你做，除了住在一起之外。」

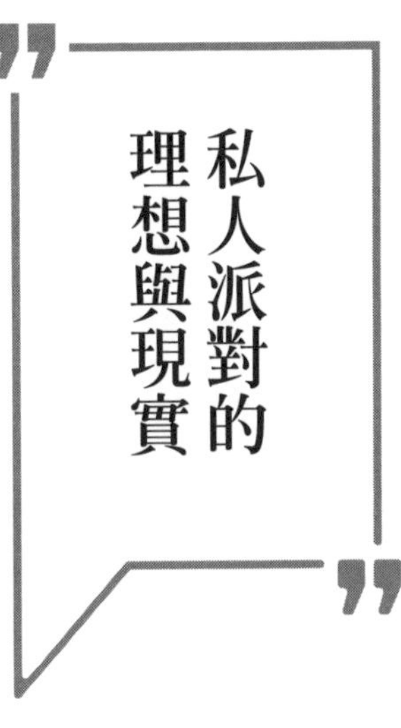

私人派對的理想與現實

我所需要的、
我所喜愛的、
與我契合的空間
會是什麼樣子？

一個人住並不是什麼太過浪漫的事。那意味著要帶著母親餵養子女、替子女著衣洗澡的心情照料自己、繳交水電費、疏通馬桶、處理廚餘、和房東或鄰居交涉。於是，在外面住到屆滿二十年，我第一次擺脫套房，搬到了有客廳與更衣室的房子時，我被一股他人所不了解的喜悅所包圍——「我活下來了」。因為覺得自己實在太了不起了，一定要開個派對慶祝，打從搬家之前，我就開始天花亂墜說個不停。結婚二十週年是稱為「瓷婚」嗎？我決定舉辦一個和我自己的陶瓷儀式。

起初我只是半開玩笑、半認真的心態，但不知道我是怎麼四處張揚的，後來還接到不知何時邀請的人催促我趕快舉辦。只用電話訪問過一次的對象、經常造訪的酒館老闆也就罷了，但房地產仲介室長和美容院院長、朋友的前男友又是什麼時候邀請的？最後，當時對「私人派對」這個用詞深深著迷的總編輯，將「單身二十週年紀念私人派對」選定為當月生活風格類的主要報導。

那時就應該察覺到有什麼不對勁的。賦予「私人派對」這個名字的瞬間，人們的腦海中浮現的，可不是盤腿坐著吃外送炸醬麵，看著電視當沙發馬鈴薯的風景。總編輯想要的是將「黃金單身生活」的幻想化為極致的意象。於是，面容姣好的女人們身穿洋裝，邊喝香檳邊慶祝人生成就的照片被選為試行方案。

事情變得一發不可收拾，我一天拖過一天，最後果斷下了決定。是啊，辦吧，派對。就算是為了搬家後約兩個月都沒碰的室內裝潢，也需要一場派對。在一個人住的二十年歲月中，我學到的最重要的專業知識正是這個。

邀請客人吧。就算感到無地自容，手腳也會自動整理好的。

因為客廳很小，無法一次邀來，所以將客人分成三組來舉辦喬遷宴。第一批客人是最近成為同組的公司後輩。在邀請客人上門之前，我不禁再三擔憂，這房子值得展示給別人看嗎？我的社會地位與美貌，不對，比起這些，想起為了塑造「優雅有品味的專題編輯」形象，平時出於本能地誇大其辭（「室內裝潢不是一種裝飾，斯堪地那維亞風或極簡主義也厭倦了，我喜歡單純又有特點、具有藝術風格的房子。」「IKEA的型錄早就背得滾瓜爛熟了，可以不要再講了嗎？」「與其買隨處可見、一點也不美的家具，還不如把紙箱疊起來住。」等等），覺得這樣好像不太對，於是急急忙忙地投入布置作業。

我向平時交情甚篤的生活時尚編輯發了求救訊號，最後介紹了熟識的室內裝潢設計師給我。一見面，我就以近乎綁票的方式將她拉到家裡，暢飲到凌晨的諮詢結果，獲得了診斷——「這個房子的問題，就是沒有特點。」她提出了關鍵性的問題。

「室內裝潢的概念是什麼？目前有想法嗎？」

仔細想想，我至今從未在做室內裝潢前好好規劃。家具和布料都是依當下需要買來或拿到的，所以沒有成套。我所需要的、我所喜愛的、與我契合的空間會是什麼樣子？我再度陷入了苦惱。

「要現代、有藝術感、優雅，還要帥氣瀟灑、獨特，能突顯野獸派色感的……」

從口中說出來之後，就連我都不禁感到這是在說什麼鬼話。聽完之後，設計師說：

「啊，是像巴黎開放式廚房的感覺嗎？」

「對，就是這樣！」

話筒那端的設計師有好一會兒沒有說話。接著，攝影當天，她一會兒親自作業，一會兒又捧著滿滿的贊助道具來幫我裝飾家裡。看到成果之後，不管遇見誰，我都可以自信滿滿地說：

「不要相信生活時尚雜誌，那都是照『騙』！」

總之，家就這麼整理完畢。

下一個難關是料理。如果我在二十年的獨居生活中，一年只學一道菜色，好歹也能學二十道，但我會做的料理怎麼只有泡菜鍋和大醬鍋？仔細回想，過去養育我的人，有八成是小菜店的阿姨們，剩下兩成是速食。雖然眼前擺了一堆食譜研究老半天，最後還是無解。在打開瓦斯爐開關之前，從選擇菜單開始就腦筋打結的我，緝拿了與我要好的後輩的好友認識的食物造型師（food stylist）朋友，並向對方諮詢。

「派對時該準備什麼樣的料理呢？」

聽到概念是「女人們的私人派對」之後，她所提出的建議是義大利麵、千層麵與鮭魚排。這些食物比想像中簡單，而且貌似不需要做很多準備。

「您會親自示範給我看吧？」

派對兩天前，我聘請了廚師。

派對當天，大家陸續抵達。參觀家裡之後，雖然可能是基於禮貌，不過每位訪客都發出了「哇，好漂亮」的讚嘆聲。之後，因為肚子餓了，大家開始要我趕緊拿出飯菜。我讓賓客們安靜下來，在鼓掌聲中吹熄二十週年慶祝蛋糕的蠟燭，互相碰撞紅酒杯，優雅地拍了紀念照。接著下一刻，不知在哪裡經常見過的風景，隨著新登場的人物而開始重現。

「前輩，照片都拍完了嗎？可以在沙發上躺一下嗎？」

「只有紅酒，沒有啤酒。啤酒如何？」

「我肚子還是好餓，幫我叫外送炸醬麵。」

「電視怎麼沒有畫面？」

為了準備充滿浮誇的雜誌版私人派對而筋疲力盡的我，陷入了「這究竟是怎麼一回事？」的懷疑之中。我在寫作的時候，如果碰上了原則上的問題，就會習慣性地尋求字典。普通的聚會和派對的差異究竟是什麼？字典的定義是，派對的目的明確，與日常生活的聚會有所區別。也就是說，二十週年慶祝派對的目的，已在吹熄蛋糕蠟燭的那一刻達成了。

那天以後，我又在那個家中舉辦了三場的喬遷宴。我把派對之類的丟到一旁，選擇了盤腿坐著吃外送食物，看著電視當沙發馬鈴薯的傳統聚會模式。不用多說，這樣有趣多了。有人豪飲紅酒，坐在更衣室吐了三小時的紫色嘔吐物；有人臥倒在廁所地板睡著；有人彈著吉他，有人逗留到凌晨，在攤開的畫布上揮毫。到了隔天，我們會憂心忡忡地確認彼此的死活。與此同時，對於「派對」這個字眼，我有了自己的定義：「有點擔心接到鄰居抱怨的吵鬧程度，聊天聲與笑聲持續到深夜的聚會」。在我搬遷到有客廳的房子之後，那種型態的聚會就舉辦得更為頻繁了。

我記憶中最為吵鬧喧譁的派對，是某一年的聖誕節聚會。我將說要舉辦年末聚會的人全找來，十四個人聚集在二十八坪的公寓客廳裡。因為每個人都各自帶了不同的酒，到了午夜時分，幾乎沒有神智清醒的人。那天有初次見面的人，也有暗地裡試探彼此心意的男女，還有不明就裡地被叫來，看到生平初次見到的混亂場面而不知所措的人。為了播放自己選的音樂，幾個人發生了音響爭奪戰。和父母同住的朋友們則是不知何故占領了廚房，油炸了各種煎餅。

那天留到最後的，是以參加「有許多同業會來的歲末聚餐」為由，好不容易獲得允許，從育兒的漩渦脫逃的已婚人士。他們一副「不管發生什麼事，在計程車加成時間未過之前絕不回家」的氣勢，但是場子太早炒熱，所以一過晚上十二點，大家就沒了興致。因為在酩酊大醉的狀態下，大家還一直打電話邀請別人過來，所以加完班後、在午夜時分抵達的賓客，一到達就和踉蹌著逃離那兒的人碰個正著。

那天的派對是如何結束的，我記得不是很清楚，但幾近被趕回家的已婚男士以苦澀的嗓音留下的話語卻記憶猶新：

「原來這就是單身的生活啊。」

某一天，飯鍋向我搭話

這一切
並不是源自孤單。

移民至美國的前輩難得回到了首爾，在我家過了一夜，早晨起床之後，她朝著正在煮飯的我喊道：

「不要和東西對話！」

我嚇了一大跳，這才領悟了剛才自己幹了什麼好事。我正在和電鍋對話，說的不是環繞韓半島的國際情勢，或從現代角度分析新柏拉圖主義之類的，而是「唉唷唉唷，飯煮好啦？辛苦了。現在來好好享用吧。」前輩八成以為我是寂寞得發瘋了。

當她為了移民，從獨立門的老舊公寓遷出的那天，因為深知獨自搬家有多麼悲慘淒涼，所以我特地從江南搭地鐵跑到獨立門幫忙。那是個大雪紛飛、寒風刺骨的日子。搬家作業進行得很緩慢，最後前輩還為了處理水電費，和蠻橫不講理的房東起了爭執。「年紀輕輕的，怎麼這個樣子。」房東不由分說地拿年紀來說長道短。全租*的承租方式看起來對前輩很不利。她是一位文雅的知性人士，所以只能由我出面。我發揮了輾轉流離於周邊便宜套房時和房東們吵架的鬥士精神，代替前輩迎戰。當然，在上了年紀之後，我也從來沒有碰到這種事，而且進化為每次搬家時，房東都會說「我會壓低保證金的金額，能不能再住久一點？」的優良房客。總之，如果將那天我口中廉價到不行的話語收集起來，可能拿來吃一頓午餐也綽綽有餘。結果，房東的埋怨轉而發洩到我身上，前輩則得以和房東順利調解。之後，前輩和我一起去吃午餐。我們擁有將近十年的交情，但前輩從未看到我好戰的一面，所以感到些許訝異，或許也覺得應該安慰我一下，所以悄悄地說起房東的不是。

---

*全租：繳交一定金額的保證金（房屋市價的一半或更高）後，就無須在合約期間內付房租，僅需支付水電費、管理費等雜費，期滿會退還金額的租屋方式。

「那家的女兒們還真奇怪，都四十歲了，也不結婚……」

我必須再說一次，我在寒氣逼人的天氣下，大老遠從江南搭地鐵到獨立門，用我秀氣的一雙手幫忙搬家，還和別人的房東吵了一架耶！可是妳現在是在說，擁有將近四十歲卻未婚的女兒是中年女性的羞恥嗎？我瞬間放下舀起牛膝骨湯的湯匙，出神地望著她。

「前輩，我也是將近四十歲的未婚女子耶。」

「啊啊，抱歉，我把話收回。」

當然我曉得她是個文雅的知性人士，不會單純因為結了婚這個理由，就認為比單身人士更為優越，所以這句話反倒成了我不時拿來取笑她的話題。即便如此，就像大部分身邊比我年長的女性朋友一樣，她認為我是極為寂寞的人。我也知道，她希望就算我不結婚，也要在精神上或性方面找一個穩定的對象，也總希望我能夠成為不那麼厭世的人。所以被她發現我對飯鍋說話時，頓時成了一種被逮個正著的狀況。

電影《重慶森林》（一九九四年）裡頭，警察六六三（梁朝偉）在和女友分手之後開始與事物對話。很顯然的是，他將自己的情感投射在物品上，看著滴滴答答的抹布說：「你最近怎麼這麼愛哭呢？要堅強地活著呀。」在看到我與飯鍋對話的模樣，前輩是否也認為我的心理狀態是如此？

若要自我辯解的話，我之所以會和物品對話，不是源自於寂寞，而是因為感到親切。最近上市的家電大致上都有語音功能，所以是它們先向我搭話的，那個飯鍋也是。身處就連一根針掉到地上都能成為唯一噪音、靜悄悄的家中，聽到這傢伙獨自「噗噗」地排放蒸氣，接著輕快大喊：「煮飯完成！」時，我也情不自禁地回答：「Cuckoo啊，辛苦了。」飢腸轆轆時，聽到飯鍋的聲音就更喜出望外了。每當這種時候，為了感謝這傢伙的辛勞，我會溫柔地摸摸鍋蓋。有時，「Cuckoo啊，辛苦了。」還成了我一整天唯一說出口的話。

雖然冰箱也會說話，但它的性格很沉默寡言。起初來到我家時，說了一句「適當溫度設定」之後，就再也沒聽過它的聲音了，所以我並不會對這傢伙說話。

說來說去，最聒噪多話的還是清掃機器人。這傢伙會在預約好的時間開始獨自清掃，打掃結束之後，會自行回到充電座休息。詞彙也很豐富多元。

無法再清掃。

左側輪子有異物。

請暫時退後，以便感應充電座。

聲音有兩種可以選擇，女配音員的版本，以及男演員柳承龍的版本。為了和Cuckoo有所區別，所以我選擇了柳承龍的版本，也替它取了「承龍」的名字。當我白天窩在書房工作，或者躺在沙發上睡午覺時，就會聽到承龍在更衣室醒來的聲音。

預約清掃開始，嗡～

不久後，這傢伙爬到我所在的地方，接著一定會鑽進梳妝台下方、餐桌與椅子之間、冷氣機與牆壁間的縫隙之類的地方。即便是相同的地方，有時鑽得進去，有時卻鑽不進去。偶爾，它會在先前總是暢通無阻的地方絆了一下，或者將我無意間脫下的一隻襪子捲進輪子中而拚命掙扎。然後它會請求我的救援。

無法繼續清掃。請移開異物。

我則回答：

「哎喲，今天那邊很難清理嗎？之前明明做得很好呀。是因為下雨了，所以感應器眼花了嗎？」

如果承龍沒有意外地結束清掃，順利和充電座接合的話，我就會像子女聽寫拿到滿分般喜不自勝，朝著它跑去。

「太棒了，太棒了。你看吧，我就說你辦得到。」

那麼，承龍就會帶著些微神氣的口吻顧左右而言他。

充電開始。

接著感應器閃爍，對我眨了眨眼。

事情始末是這樣的。我說真的，不是因為寂寞。

單身最高等級

我會獨自飲酒，也獨自上烤肉店。

那是我和朋友去紐約旅行的時候，就像旅伴之間經常發生的情況，我們也因為雞毛蒜皮的小事而感到不耐煩。排了很久的隊伍，好不容易進了知名的餐廳，彼此也沉默不語。我們之間恍如有股必須弄溼腳踝才能跨越的淺淺溪水流動著。然後，朋友指著坐在隔壁的男人說：

「妳看他，努力想裝作不丟臉的樣子。」

她所指的，是一位打扮有如嘻哈製作人的帥氣黑人，他正戴著耳機邊聽音樂邊吃飯。看他雙肩隨著音樂起舞，音樂的類型大概是節奏感強烈的R&B。

「為什麼會感到丟臉？因為自己一個人？」

「嗯。」

「那如果在外頭想吃飯，可是沒有一起用餐的人，妳都怎麼做？」

「忍到回家再吃啊。」

在這之前，與朋友之間流動的小溪流瞬間泛濫成俄亥俄河、太平洋、宇宙星辰之間數億光年的黑暗。我幾乎從來沒有想過，我獨自吃飯很丟臉、其他獨自吃飯的人會感到丟臉，抑或是別人會覺得我對獨自吃飯感到丟臉。這儼然是一種文化衝擊。

仔細回想，我確實曾經隱約地有過這種感覺。那是在我上大學的時候，我獨自在學生餐廳享用遲來的午餐，有一位男生拿著餐盤來到我這桌。我瞬間以為是認識的人，所以抬頭看著他，但卻毫無印象。我環顧四周，餐廳內幾乎空蕩蕩的。說不定他是位脫北的核能物理學家，面臨著北韓軍隊或ＣＩＡ的暗殺威脅，需要有個介於狙擊手與自己之間的人類盾牌吧。雖然腦海也快速閃過「也許這位平凡男子對我一見鍾情」的念頭，但他也太專心在吃飯了吧？所以比較實際的推測——他是一名敏感細膩的青年，所以不想讓別人看到自己一個人吃飯的樣子。別將我孤零零一個人的事實告訴敵人！於是，打從進入餐廳的瞬間，他便開始迅速物色其他落單的人，好當成自己的偽裝物，而那就是我。結果，我們雖然坐在同桌，但卻不是同夥，在完全沒有互通姓名的情況下結束了用餐。那天的用餐情景，直到過了二十年後的現在，依然是一個極為悲涼的記憶。

當然，我也曾碰上難以「獨飯」的情況。烤肉店有段時間便是如此。站在餐廳的立場上，光是在木炭上點火、擺出蔬菜與小菜就需要耗費許多功夫和費用，所以只吃一人份就離開，總是過意不去，但我的胃也沒有大到可以獨自嗑完兩人份的五花肉。

甚至還發生過這種事。以前在我任職的雜誌社，有一位男性前輩在截稿期間失去了蹤影。家人甚至報了失蹤，但仍找不到人。幾個月後，前輩現身了。他在上班途中遭到一群不良分子劫持，被監禁了一段時間，後來是在替黑社會跑腿時逃了出來。因為擔心遭到報復，所以斷絕了所有與社會上的往來。可是有一天他突然很想吃烤肉。因為無法一個人去烤肉店，所以才下定決心要回歸社會。這完全是個展現出烤肉的偉大與烤肉店的不通人情，充滿教訓與苦澀的故事。

幸虧如今首爾處處有一人專用的烤肉店。我家前面就有一家，非常地美味。假如「獨肉」的流行早點到來的話，那位前輩的行蹤可能到最後都會是個謎。感謝肉神，讚嘆肉神啊。

「獨酌」是個有些敏感的問題。酒館有它的氛圍和規則，而且比餐廳更加多樣化。如果是有許多常客的地方，可能會有種自己擅自闖入別人家中的感覺。也可能會因為看起來像是有故事的女人，而有男人跑來招惹。而且因為比單純吃飯的餐廳停留的時間更長，無法時時注意到言行舉止，所以如果不是和調酒師變得熟稔或在那兒讀一本書的話，就會尷尬得坐立不安。所以就我自身的經驗是，我會先找一群人去個幾次，結識業者，等到適應氣氛之後再獨自前往。我有三、四位能夠乾掉一整箱啤酒的酒友，而且酒品也不差。

我認為在現今有許多單身族群居住的社區，以居民為主的好酒館和咖啡廳比什麼都來得重要。我也稍微能理解自營業者的辛苦，所以我會刻意帶一群朋友到判斷有保存價值的店面，提高其營業額。如此一來，就能隨時享受貴賓的待遇。

儘管如此，女人獨自上酒館依然存在著危險性。在某一段時間經常造訪的酒館裡，總能看到獨自逗留到很晚的女人。我能理解她們大部分是和老闆有性方面的關係，但在得知老闆會在其他男人面前大肆宣揚他的經驗之後，頓時好感跌入谷底，從此不再上門。我也曾經因為不想看到將糾纏獨自前來的女人當成樂趣、幾乎每天到酒館報到的大雁爸爸*而拒絕上門。又或者，因為被目擊各種令人無地自容的事情，無顏再去。

基於各種理由，經過十多年的獨酌人生後，我對上酒館感到幻滅。自此之後，只要是一個人，通常都是在家中喝酒。就算我想出去欣賞人群，客人們也會說要跑到家裡。由此可見，我家成了比一般酒館更適合喝酒的環境。

與其與話不投機半句多的人在一起，我認為一個人戴著耳機用餐更好。小酌亦是如此。反正我一個人吃飯也會飽，一個人喝酒也會醉。雖然與自己也有很多合不攏的時候，但大致上最能接受我的朋友就是我自己。又不會因為在外頭喝，燒酒就變成威士忌，也不會因為人在家中，酒就變成了水。儘管如此，如果有人覺得奇怪，詢問：「在家裡？一個人嗎？」的話，我會如此回答：

「不，和我自己喝，我最要好的朋友。」

---

*大雁爸爸：為了子女的教育，而將孩子和妻子送往國外，獨自留在韓國工作，負擔妻兒費用的父親。

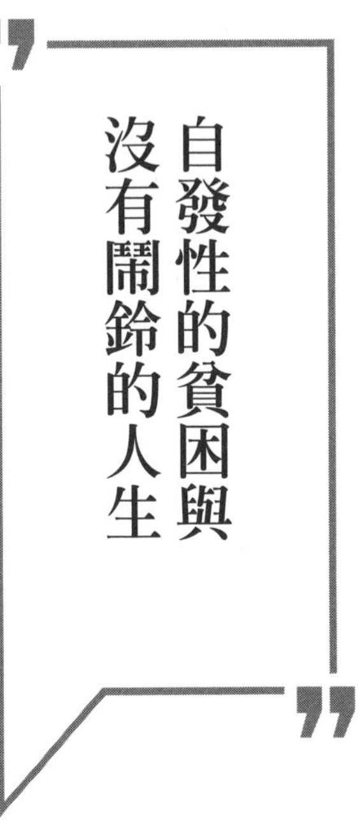

自發性的貧困與沒有鬧鈴的人生

要如何做，才能憑藉自身的力量，生存得更長久？

我深信每個人都有符合自己生理時鐘的區域。只是很不幸的，適合我的區域似乎不在韓國。我的父親是個傍晚入睡，凌晨四點起床的晨型人；母親是越晚越精力充沛的夜間型人。我則是與母親一樣。三十多年來，父親無法忍受早晨獨自清醒的空虛與無聊，每天早上都會竭盡全力，花三、四個小時叫醒家人。但他得到的，是患有低血壓的家人們在睡眠惺忪的狀態下發出的種種抱怨。十多年前，父親總算中斷了強迫家人符合自己生理時鐘的執著，開發出凌晨起身之後，一個人掃著庭院、上澡堂、在市場買食材回來準備早餐的新模式。

雖然在社會上遇到的晨型人經常折磨我，但最後他們都放棄了。這也多虧了雜誌記者的特殊性——只要在時間內繳交好的成果就行了。但是，站在發薪水的老闆或主管的立場上，自然會討厭不遵守上班時間的員工。不管你一個月內有一半的時間都在通宵工作，上班時間就是要遵守，這就是雇主的心態。過去我曾任職的公司，也曾將記者的出缺勤視為問題，公布了嚴格的上班規定。平時上午十點，截稿時上午十一點必須上班，每遲到一次就要扣補休或假日加班費。我向總編輯詢問：

「那麼，只要放棄補休和加班費，就可以隨心所欲，想要幾點來就幾點來嗎？反正假也無法休完或全拿到嘛。哎喲，太開心了！」

雖然總編輯面露不悅，但並沒有大發雷霆。因為他很清楚我的風格，白天一個字也寫不出來，走路踉踉蹌蹌，等到晚上大家都下班了，我才開始寫稿子。如果我上午人在公司，多半不是因為很早就上班，而是因為還沒下班。過去曾有一次，晚上我趴在辦公桌上睡覺，部門有個剛來不久的同事叫醒了我。

「可以寫完這個再睡嗎？」

我的腦袋還迷迷糊糊的，雙眼眨呀眨，這時總編輯出面。

「放著吧，她從晚上十二點開始寫稿。」

我再度進入了夢鄉。

問題在於隨著年歲增長，我當上了中層主管。也不曉得白天哪來那麼多工作，完全沒有睡覺時間。再加上該死的工作大部分都是會議、聚會、文書等制式行為，和業務本質毫無相干。在現場所體驗到的，是與產業現實脫節、異想天開的企劃案，以及令人懷疑效果的活動。看到簡報資料夾內充滿了連要求提報的當事人也不屑一顧的資料，不免心生羞愧，難道我當記者是為了做這種事嗎？白天耗盡所有體力，晚上卻又無法寫作的情形持續了下去。能以我的名字寫作，能企劃我想要寫的文章，是我人生中唯一的安全裝置。就算組織一蹶不振，或者拋棄了我，我也相信能靠它東山再起。這便是我能夠承受職場生活壓迫的唯一祕訣。然而，不知從何開始，這份深信不疑開始動搖。

就算在組織內撐下去，獲得升遷，也只會徒然增加耗費在繁雜瑣事上的時間，寫作能力每況愈下，最終我將會成為只能在組織內生存下去的人，這樣的危機意識朝我逐步逼近。如果能在公司長久工作，退休後將過去的積蓄拿來投資房地產，過著包租婆的老年生活也不壞。只不過，如果能在退休後，能夠仰賴我做了一輩子、最擅長的、喜愛的事情來謀生，似乎沒有比這更理想的了。雖然兩項都是近乎不可能的任務，但卻是我所能預設的未來中可能性最高的；而且當時我判斷，這兩者絕對不可能並存。既然都一樣困難，於是我選擇了對於結果的滿足度更高的後者。

當然，除此之外，我還有一百萬個離職的理由，但簡單來講是這樣。我思索著，要如何做才能憑藉自身的力量生存得更長久。最終，我決定將花費在不必要事務上的精力，集中在自己身上。

在離開最後一家公司的同時，我立下了原則。「我寧願成為一位貧困的獨者，也不做不喜歡的事，見不想看到的人，不將輕視我工作的人當成貴賓侍奉，而且也不設鬧鐘，強迫自己起床。」在這方面，會帶來些許的危險與負擔。看到長時間在封閉環境獨自工作的人，就可以發現他們逐漸與現實脫節、固執己見，成為令人頭疼的人物，或者被孤單與不安所蠶食，失去了自信，罹患憂鬱症的頻率也很高。所以有時接到邀請我去工作的電話，內心就會強烈動搖。但是只要聊個以下幾句，瞬間就會告吹。

「我沒辦法早上去上班。」

「我們公司的出勤管得很鬆。」

「那下午去也行嗎？」

「這有點……」

有時還會感受到一股誘惑，劈頭就問：

「年薪多少呢？」

沒錯。這生活最大的問題就在於金錢。雖然幸福無法靠金錢買來，但在沒有錢的情況下，幸福並不是件易事。我所期望的，是能將重心放在我自己身上的小小人生，並不是超脫的雄心壯志或禁慾主義。有位說再也不從事經濟活動，離開俗世，住進小城市廢棄學校的前輩不禁慨嘆，「這個國家是個就連只是活著都要花錢的構造」；按時寄來的水電費帳單、醫療保險通知單、餐費等就是證據。我呢，熱愛有格調的餐廳、精心布置的餐桌、質料上等的喀什米爾大衣、異國都市、名家表演所帶來的感受。我希望疲倦的時候，能搭乘計程車到家門前，不收找回的零錢，或者當與我親近的人碰上好事或傷心時，能有請他們吃一頓飯的餘裕。不管再怎麼嫌麻煩、再怎麼辛苦，錢是一定要賺的。後來我發現，在「不做討厭的事」的自由與經濟上的寬裕之間總是相互衝突。

不久前，我曾屈服於誘惑。看到存款餘額游移在心理安全範圍，有好幾個月，我開始逐漸感到惶惶不安。最後，帶著「就這麼一次」的念頭，一腳踏入了對我的履歷沒有任何加分的企業宣傳案。原本目標是在一個月內完成，但因為包含我在內的相關人士相繼變得忙碌，即便是做一個小小的決定，也要花上好幾天，這樣的循環持續了足足八個月。數年身處游牧民族的心理狀態，無時無刻都能收拾行李出發的我，面對那段由簡單小事與漫長等待所串聯起來的時間，簡直鬱悶得快要發瘋。就好像如果不是因為那件事，我就能環遊世界一周、寫出大約六本書左右一樣，我埋怨著蹚這渾水的自己。對於成果，也不盡滿意。與其這樣，不如貧困的好，我再度下定了決心。

當然，這樣的人生也是因為我單身才可能實現。我一個人生活並不需要太大的開銷。但是，結婚生子、養育子女，靠一般收入是承擔不起的，而且也不會因為身為女性而受到禮遇。因生兒育女而中斷年資的朋友們，經常會說起「花老公錢的卑微」。

「我老公說啊，『我不是在賺錢嗎？』我瞬間哽咽。『我不是要養小孩嗎？如果請人來照顧孩子、打理家務，知道要花多少錢嗎？不然就把那筆錢給我，而且我還沒有下班時間。』演著這種老套的吵架戲碼，我逐漸感到自己的寒酸。雖然理智上知道得一清二楚，但每次要生活費時，我仍免不了有種屈辱的感覺。」

和生完孩子後，忙著養育小孩和工作，蠟燭兩頭燒的前輩去旅行時，她曾這麼說：

「這好像是我生下孩子十三年來，第一次沒和家人一起旅行。因為丈夫碎碎唸個沒完，所以我給了五十萬圓（約台幣一萬三千多）零用錢，封住了他的嘴。」

雖然不管有沒有家人，都要有錢才能維持和平，但很顯然的是，家庭的和平比個人的和平來得昂貴。換句話說，能夠以少少的錢來享受和平，是單身族的特權。這樣還有放棄的理由嗎？最重要的是，在這個世界裡沒有鬧鈴。單憑這點，我便暫且感到心滿意足了。

姊妹淘的偉大

人生最大的基礎設施，不是金錢、房子、配偶、男朋友或子女，而是要好的同性朋友。

有三位朋友不斷地勸說，邀我年老時買間公寓一起住。兩名是女的，一名是同性戀。對我而言，他們都是有如媽媽一般的人物。也就是說，他們很愛嘮叨，凡事都想替我打點好，所以如果住在一起，我就會感覺自己變成了七歲的小孩子。

「我和我真正的媽都無法一起住三天了，要如何和姊姊妳一起住呢？」

我總是如此回答，目前是如此。

其中，A斷了幾天的聯繫。與她一同合作案子的人甚至打了電話給我。「總不會有什麼事吧？」話雖如此，住在附近的我決定去A的家一趟。大門深鎖，裡頭毫無動靜。我暗自擔心起來。在單身比例高、生活不規律的雜誌界，有人為了趕稿連續熬夜好幾天，最後在睡夢中暴斃的可怕事情時有所聞。有人說要開門鎖進去，有人則是提議再等一、兩天。幸好到了第三天，接到了A的消息，說因為發生車禍，在母親家中療養。在朋友們嚴厲數落A之後，彼此交換了家門的密碼。

「往後，如果我們之中有人一天內沒打電話，就去找她吧。」

朋友說道。因為沒有和家人同住，所以我們就是彼此的監護人兼緊急聯絡人，這話說得沒錯。

以不婚的監護人來說，朋友比男朋友好得多。也許因為我是女人，所以才這麼想。半夜和朋友分手時，記下計程車的車號、打電話確認是否平安到家的人始終是女人。在聚餐時碰到性騷擾，落荒而逃的時候；在街上碰見暴露狂，心臟快跳出來的時候；半夜有不明人士轉動大門門把，將棉被蓋到頭頂上睡覺的時候，說要跑來陪我的都是女人。打從一開始，男人就不是能夠理解那種恐懼的生物。

除了生命與安全之外，還基於各種原因，女性朋友們成了世界上最討人喜歡與最有用的存在。

搬家時幫忙整理行李；擔心我沒好好吃飯，所以親手做了小菜分給我；我生病時，不會嘮叨：「這點小感冒算什麼？所以啊，平時就要做點運動。」而是細心照料，問我需不需要藥物或粥。因為工作、人生或金錢問題而苦惱時，能夠區分出我只是想訴苦，或者需要解決方法，並給予適當處置的，也都是女性朋友們。

最重要的是，她們不會期待我和她們談戀愛或發生性行為，當作無私付出的報酬。也能避免戀愛不順遂時，我必須誓死阻止對方出入我家的狀況。如果我往後患了重病，必須送往醫院的話，最頻繁、最長久陪伴在我身邊，出力補貼醫療費的，也肯定是她們。所以隨著年紀增長，我逐漸產生了要善待同性好友們的想法。

不曉得男性之間的交友關係是否也有單純的愛或照顧的概念。只不過幾年以來，有一名男人看到不管發生什麼事，我身旁可靠的姊妹淘總是竭盡心力幫忙，曾經說過這樣的話：

「女人好像更講義氣。」

我回答：

「那是當然了。男人就是因為不講義氣，才會成天將義氣掛在嘴上。」

這話半是開玩笑，半是認真的。當然，那名男人在做出極不講義氣的行為並離開之後，安慰我的也是女人們。

年屆花甲之年的母親，過去幾年間慶生時，特地送花束與蛋糕給她，無私地幫忙做生意，家中有煩心事的時候，在身旁幫忙打點的不是丈夫或女兒們，而是母親的女性好友們。我也藉此預見了我與朋友們的未來。人生最大的基礎設施，不是金錢、房子、配偶、男朋友或子女，而是要好的同性朋友。若是單身，就更是如此。

今年，A終於購屋了。她似乎已經將和我同住的計畫拋諸腦後。但那是一個人住起來有些過大，房間也很寬敞的房子。我也對此感到心滿意足，因為感覺就像多了一項保險。就算哪一天我遭到詐騙，成了窮光蛋，A也不會棄我於不顧。我如此深信。

我的壽衣，就讓我穿香奈兒吧

能使我不懷疑自身價值，幫助我夢想明日的終極物品，究竟在哪呢？

經歷中年危機，四十多歲的前輩說：

「看來我未來會成為『麥當勞奶奶』。」

「是肯德基爺爺之類的嗎？」

「不是。」

前輩說起了不久前電視上老奶奶的故事。有一位身穿風衣外套的半百遊民，經常在光化門附近的麥當勞與星巴克等店出沒，閱讀英文報紙。了解後才發現，她出生於富裕的家庭，大學時期擁有足以獲選為校花的出眾外貌，同時是在外交部工作近二十年的菁英。聽到的當下，我也和前輩一樣，為這個深具諷刺意味的故事深深著迷。

大眾很同情麥當勞奶奶。媒體從不健全的社會保險來分析，並將她視為老人問題的象徵。在第二次報導中，因為自尊心強，她拒絕了他人的協助，持續露宿街頭的生活，等待宛如奇蹟般改變自己人生的男子。播放之後，甚至在厭惡女性的網站上受到了嘲弄，說她是「大醬女*步上了窮途末路」。他們沒有人認同，喜好與生活風格會對一個人的身分認同帶來影響。她曾在訪問中，針對自己唯一的風衣打扮表示：「為了在下雨天或平時都能穿得樸素，所以買了它。」我也曾基於相同理由買了風衣外套。竟然同情、嘲弄一位出生於那個時代，精確了解米色白風衣外套價值的女性？這話恰當嗎？更何況，她說不定不是我們同情、分析或嘲弄的「對象」，而是搭乘時光機來到此地的我們自己呢。

我們的社會已經過了高度成長的時代，無人能擔保明天會比今天更好。面對逐漸減少的工作機

---

*大醬女：追求物質生活，愛慕虛榮但不事生產的女性。

會，男人、女人、年輕人、老年人、當地居民、移民者全擠在同一個地方廝殺，對彼此的厭惡與憤怒也與日俱增。很快的，就連機器人也會加入這場鬥爭。不管怎麼認真工作，在儲蓄上精打細算，只要稍有差錯，瞬間就會在競爭中慘遭淘汰，跌入深淵。

告訴我麥當勞奶奶的故事的前輩，是投身於時尚雜誌界多年的編輯，每小時抽一次菸，每兩小時喝一杯美式咖啡，擁有接近潔癖的衛生觀念，看到不美麗的事物就會渾身不對勁。她是個工作重度上癮者，自尊心很強，也很固執己見，同時又是個對於不確定性特別容易感到有壓力的類型。她至今還沒能在首爾買房，就算和有房的男人交往，結婚的可能性似乎也不大。出版是很容易隨景氣起伏的行業，再加上只要設計感稍微落於人後，就會失去立足之地。在將設計視為編輯附屬物的韓國雜誌界中，資深的設計師能立足的位置，比一般總編輯更罕見。

基於各種理由，邁向四十大關的她開始對下半生憂心忡忡。收入會逐漸減少、健康管理費用會全面提升，往後房租和物價也絕對不可能下跌。因此，如果終有一日成了窮光蛋，她果真能接受沒有香菸與咖啡的早晨，救助團體提供的金絲花紋針織外套之類的嗎？如果能攢下每一分的錢，買下一間房子的話或許難說，但如果在一切已經沒指望的情況下，我認為更應該為了留住逐漸逝去的自信，忠實於自己的喜好。

電影《巴克斯*奶奶的性福配方》（二〇一六年）中，扮演「塔谷公園巴克斯大嬸」的尹汝貞展現了一系列令人極為印象深刻的服裝。那些全是一九七〇～一九八〇年代流行尖端的衣物，但也是原封不動地懷抱那個時代年邁老去的物品。那暗示著女主角在年輕時期曾是位時髦的不凡女人。如今，在這個已然變遷的世界上，她依然以自己的方式，持續打著毫無勝算的戰役。特別是電影中頻繁登場的仿麂皮大衣，負責服裝的咸賢珠就曾經表示，她的靈感是來自於麥當勞奶奶。

「我認為，對於身為遊民的麥當勞奶奶而言，風衣外套會不會是她最後僅存的自尊心？就像是她的一件盔甲。」

十分贊同。

關於麥當勞奶奶的第三篇報導，是她拿雨傘對打算幫助自己的無名男歌手施暴，導致其面臨失明危機的內容。這位歌手為了幫助奶奶，於是買了衣服給她，卻天外飛來橫禍。報導上出現了該名歌手的個人檔案。我既沒有想要擁護奶奶的意思，也對後續沒有報導的男子安危感到非常擔憂，但

---

*巴克斯：一種提神飲料。

我認為他所買的衣服，符合奶奶喜好的可能性非常低。姑且不論男子的意圖，但她一定認為，贈送自己不想要的衣服，是一種要她脫下面對這個世界時唯一武裝的危險行為。

麥當勞奶奶於二〇一三年離世，她的遺體以無故橫死作結。二〇一五年，媒體報導了香港版麥當勞奶奶的故事；香港的奶奶甚至是坐在麥當勞內過世的，大約過了七個小時，都沒人知道她已沒了呼吸。《紐約時報》創造了「麥難民（McRefugee）」的新名詞，來指稱二十四小時在麥當勞遊蕩的亞洲遊民。報導上寫著，其他客人完全沒有意識到他們存在的事實。在以活著的姿態成為幽靈的人們之中，首爾麥當勞奶奶之所以具有強烈存在感的原因，自然是因為她的風衣外套。

倘若全世界舉辦悲觀王競賽的話，很顯然能夠在決賽交鋒的我與前輩，將我們自身的模樣，投射於保有高檔品味與高自尊心，一個人慢慢衰落的公主兼職業女性的麥當勞奶奶身上。我們開始苦思解決之道，學習數位產業的新技術，巴結開炸雞店、在穩定的公司工作的家人，投資積少成多的房地產等，研究了各種可能性。但是很快地，我們開始想像起最慘不忍睹的情況，並且獲得了多少出乎意料但又有其迫切性的結論——我們也需要一件屬於我們的鎧甲。

「我思索了幾天，等我死期到了，我會處理掉所有東西，去買香奈兒經典斜紋軟呢外套。」前輩說道。

「如果連帽子和鞋子都能配成套就更完美了。就這麼將我放入棺中，替我上妝。」我向她約定，假使她無法如願，突然離世的話，我會提前收取奠儀，讓她穿上一整套香奈兒當壽衣，並在棺上擱放潔白的山茶花。

但我自己的壽衣，至今仍無法做出決定。我為了獲得靈感，於是向身邊的女性友人進行問卷調查。有人說英國品牌大內密探（Agent Provocateur）的內衣，有人提及聖羅蘭（SAINT LAURENT）的禮服。那麼，我就不會穿著優衣庫的緊身衣迎接人生的最後一刻。真是苦惱啊！隨時隨地都能穿上、百看不膩、又能顯示品味，也因此當我在麥當勞打盹時，能使我不懷疑自身價值，幫助我夢想明日的終極物品終究在哪呢？我至今仍在尋找，對於自己的最後一份尊重，能夠守護「我」直到最後的一套鎧甲。

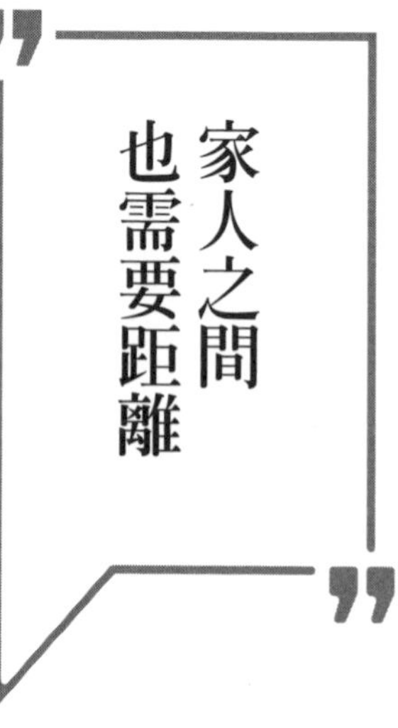

家人之間也需要距離

阻止我們的人生前進的，
經常是深愛我們的人，
而非討厭我們的人。

幾年前，我曾到歐洲和美國出差兼旅行，逗留了兩個月。第一個旅行地點是法國坎城。抵達三天後，我才想起忘記告知家人。這時我打了電話給母親，說我人已經來到法國，會在兩個月後回國。因為從小就搬到外面住，所以養成了凡事先斬後奏的習慣，而且就算人在韓國，一年可能也見不上一次面，所以我不認為是什麼太大的問題。但每次發生這種事，母親依然會大吃一驚，這也成了我不想要大小事都和家人商議的決定性原因。

我們家是典型的慶尚道人，幾乎不會對彼此表達心中的愛。不過有一次，那對彼此漠不關心的和平曾經被打破。我在嚴冬的南美洲來來去去，深受高山病所苦。我將行李放在玻利維亞的廉價飯店房間裡，全身打著哆嗦，爬到外面打電話回家時，母親有好一會兒說不出話來，接著突然深深地嘆了口氣，如此說道：

「哎呀……想妳了。」

我驚慌失措地掛上了電話，感覺我體內有種堅固且尖銳的某樣東西變得遲鈍。我就這麼沿途走回飯店，然後在床上病了兩天。也就是說，我的意志力變薄弱了。我躺在宛如電視上看到的停屍間，陰森的燈光忽明忽暗的房間裡，蓋著一床有如稻草袋般粗糙的棉被，凝聚微弱的意識，試著想像了一下。對於一輩子不曾離開故鄉到遠方，因為有輕微的恐慌症，沒有家人的陪同，就無法到陌生地方的母親而言，名為玻利維亞的國家，該會是多麼遙遠又令人畏懼的地方？

之後，有幾年的時間，我努力想對待家人隨和、溫柔一點，打算事先報備要去哪裡、回來報個平安，事先討論離職或搬家的事，並且一年回故鄉一、兩次。可是實際行動之後，發現這並不是件易事。只要我說要去旅行，他們也不先聽是去哪，只會無條件反對，問我「為什麼要去那麼遠又危險的地方？」如果說要辭掉工作，就會擔心起我究竟是吃了多少苦。如果說要搬家，就會問我有沒有錢、有沒有需要的東西，整整三個月的時間，為了我都不曾煩惱的事情輾轉難眠。只要回一次故鄉，就會準備連摔角選手一週都無法吃完的食物，要我別回首爾，經常纏著我說要一起生活。每碰上這種時候，明明自己沒做錯事，卻會心生愧疚。為了結束對話，最後只能發起脾氣。

阻止我們的人生前進的，經常是深愛我們的人，而非討厭我們的人。想逃離公司時，想去旅行時，雖然無法確知會不會成功，但想將資源傾注於某件好玩的事情上頭時，害怕我們會失敗、會受傷、會搞砸、因此受到傷害而加以勸阻的人，總是令我們遲疑不決。那些珍貴的人，害怕會因為我的失敗，導致我無法對他們負起責任的人，他們才是人生最大的枷鎖。所謂的家人，大致上便是這種存在。還有，因為他們所放棄的一切，在人生中留下了滿滿的悔恨。

家人之間的關係，似乎過猶不及，太好與太壞都是問題。終究，我放棄了要當個隨和溫柔的女兒。不僅如此，為了享受更清爽自在的人生，我開始有意識地和家人保持距離。碰到節日時，我不再通車七個小時，去見那些世界觀與我沒有半點交集的人；抹去了在我激烈反抗到最後，要我快點結婚的無謂玩笑，並且將「畢竟還是家人」的情感喊話拋諸腦後，和令人苦惱的至親斷絕了聯繫。這不是件容易的事。家人是最普遍的宗教，家人是要無條件去愛、去擁抱、去寬恕的對象，而且否定這點，就等於否定自己。因為這樣的教理，我們經常活著迎接地獄。這些根本毫無必要。

當家人與我的期待相衝突時，我會帶著「如果真的愛我的話，就會全力支持我的幸福」的信念，盡可能做出最自私的選擇。同樣的我也期望，我的家人能夠徹底只為自己的幸福而活，不要為了我做出任何犧牲，不要替我承擔任何責任。所以從小我就努力在經濟上獨立，幸虧至今父母也尚未向我要求生活費或醫療費的支援。倘若往後我有了新的家人，我也希望能夠與他們維持沒有過度期待或互相傷害的關係。當然，如果可以的話，不要再增加家人會更好。

才不要咧！

而且，神奇的是，
什麼事也沒發生。

雖然現在說這樣的話，根本沒人會相信，但我是個不懂拒絕的人。我經常因為無法拒絕別人說一起吃飯的邀約，所以吃了兩、三頓晚餐，或者硬是攬下不想做的事，弄得自己進退兩難。二十八歲時，雖然非常討厭去上班，但因為不知道該如何開口提離職，憋了好幾個月。最後好不容易離職，是多虧了在和主管吵架後的隔天睡過頭。因為太過疲倦，我睡得不省人事，結果到了中午左右，公司打來了電話。

「妳是打定主意不幹了嗎？」

真是天上掉下來的禮物！完全不想逐一說明離職原因的我，現在卻只要回一聲「對」就行了！話已說出口，要順水推舟就容易多了。一個月後，我擺脫了公司。但我正想休息一下時，有認識的人打了電話給我。

「我必須救那個公司的人，但適當的人選就只有妳了。就當作來幫我，來上班三個月吧。」

「我……我……我從來沒做過那種事……而且我想玩……」

「廢話少說，先來打聲招呼。」

猶豫不定的我，結果被拉去向人打招呼，因為不想令喜出望外的人感到失望，所以衝動地接下了工作。度過有如打仗般的三個月，我心想總算能休息一下了，又有人打來電話。

「找人怎麼這麼困難？乾脆妳來吧，不會虧待妳的。」

「我……我……我對那方面的工作不清楚……而且我想玩……」

「沒關係，妳辦得到，就想成是幫一群前輩的忙吧。」

在我游移不定之際，又決定了上班的日子。雖然很不樂意，但我很害怕拒絕別人。掛上電話之後，我愁眉苦臉地坐著，此時有人過來向我搭話。是比我年長六、七歲的已婚女同事，每次碰到不合心意或不合理的提議時，她就會直截了當拒絕對方。聽到我說事已至此，也無法休息，馬上就要到別的公司上班，她捧腹大笑說：

「直接拒絕就好啦，有什麼困難的？」

「不知道，我覺得好難。請教我如何說『No』，就算要付費，我也想學習。」

「先說妳需要想一下，爭取一點時間如何？」

這情景宛如昨日，等我回過神來，發現在不知不覺中，我已在身邊的人裡頭成了拒絕的代表人物。「妳不是不做這種事嗎？還以為妳會拒絕。妳不會去做吧？我只是隨口問一下而已。」之類的話，有如家常便飯般從我口中說出。在這之前，我付出了比金錢更珍貴的代價，才學習到說「No」的方法，好比說我的時間、健康、體力與情感等。

我們很容易為這種話所動搖。

「就只有妳了，沒有妳不行。我真的很痛苦，幫幫我吧。妳不是對這方面很拿手嗎？妳肯定也會獲益良多的。妳忍心這樣做嗎？」

然而，世界上沒有非我不可的事，接受提議時的感激也只是一時的。不管怎麼說，既然妳答應要做了，就要負起責任，而且對方也會針對成果冷靜地給予評價。到時就算說：「我本來不想做的……」聽起來也只是替自己的無能辯解而已。相同的，拒絕提議時的失望也是一時的。不會因為妳拒絕一、兩次，工作或關係就徹底一刀兩斷。反正需要我的人，一定會再和我聯繫。與其接下麻煩的請求，卻不停地發牢騷，或交出不怎麼樣的成果，選擇果斷拒絕，也會對往後的關係形成更正向的影響。

愚蠢如我，耗費了很長的時間去經歷並學習這一切。起初，我遵循了之後再回覆的建言。在說出彆扭的話之前，這確實可以帶來需要的勇氣及找到理由。爭取到時間之後，我如此說道：

「我想了一下，恐怕還是不行，不好意思。」

說出這種話的時候，我感到心驚膽顫，擔心對方會感到失望或發脾氣。但這樣的事幾乎沒有發生過。即便是殷切拜託或極力勸說的人，只要乾淨俐落地拒絕，他們就會接受事實，轉身離去。

「好吧，這也無可奈何，下次一起吃個飯吧。」

大部分會如此收尾。就算嚴重一點，也不過是感到失望或再三糾纏，而不會發火。多次經歷這種過程後，不知從何開始，我開始享受起「拒絕」這件事。準確地來說，當我不為恐懼或愧疚所屈服，說出「No」的時候，我會為此感到自豪，感覺自己成了真正懂得體諒並且勇敢十足的人。懂得這種滋味之後，我再也不必為了爭取時間而延後回覆；就算拖延了時間，也只會讓心情沉重更久罷了。此外，盡快地直截了當拒絕，對方尋找替代方案的時間也會增加。此種要領，對於維持我微小而和平的世界帶來了莫大助益。

面對不想做的事、不想見的人、不想去的地方、不想擁有的物品，最近我會不假思索地回答：

「才不要咧。」

而且，神奇的是，什麼事也沒發生。

Part 2

不結婚的權利

促使我們成長的
並非不幸的幸福
而是孤單的自由

如果沒有打算幫忙，
拜託就別多管閒事。
我的戀愛，我自己會看著辦。

二十五歲過後，我有十多年沒有「男朋友」。我並非有意如此，更不是人們經常所說的「一心只顧著工作，所以錯過了結婚時機」，也不是因為眼界高。除了替我送來各種快遞、外送的人之外，我壓根兒沒有機會和擁有ＸＹ染色體的人有私下聊天的機會，如果初次見面就說要跟他們談戀愛，豈不是很失禮？

談戀愛這碼子事，一旦中斷之後，就會感到痛苦萬分；不過如果狀態持續久了，又會感到很稀鬆平常。或許這反倒是一段值得感激的時光，因為能減少情緒上的波動，將全副心思放在自己身上。不過，有許多人卻無法充分享受這個狀態，白白虛度了那些光陰。

雖然孤單與空虛感確實是個問題，不過更令人倍感壓力的是親朋好友的目光。有時還會因為那些目光，誤以為自己很孤單或有所匱乏。二十歲～三十幾歲的單身族所受到的戀愛壓力不亞於結婚壓力，甚至是那些討厭被一票親戚催婚，每逢佳節就像是一名獨立運動家悲壯的同輩朋友們，也會責難或貶低不談戀愛的人，對他們施加壓力。

「妳明明就很正常，為什麼就無法談戀愛？」
「就算不結婚也要談戀愛啊。」
「週末怎麼老是在家？也到人多的地方去玩一下嘛。」
「妳是不是蕾絲邊？」

法國電影導演法蘭索瓦・楚浮（François Truffaut）曾經說：
「世界上的人都擁有兩種職業，一種是本業，另一種是電影評論家。」
在我看來，每個人都擁有三種職業——本業、電影評論家，以及戀愛顧問。
試著把一名幾年沒談戀愛的單身人士扔到正在戀愛或已經結婚的人士裡頭吧，就算當事人沒有請求幫忙，大家也能滔滔不絕說出一番大道理來，而且還會從穿著風格、臉蛋、身材、口氣、舉止、生活模式、最近收看的電視劇與電影等各種角度來加以分析，你之所以無法談戀愛的原因就是這個或那個。

「韓國的男人只要上了年紀，變成了大叔，就會隨便向別人建議、給予忠告。八成是國家有頒發證書允許他們這麼做吧？」

就連聽到電影《二樓的惡人》（二〇一〇年）裡頭的妍珠（金惠秀飾）留下的名台詞之後嘻嘻哈哈的女性朋友們，都像是獲得了什麼證書似的，覺得自己談戀愛時也有資格對不談戀愛的人嘮叨。也有人非常具有攻擊性，就好比有一次開工作上的會議時，有一位只通過幾次電話，第一次見面的年輕女性曾對我說：

「為什麼不談戀愛？已經有幾年了？」

我不禁心驚膽跳。正打算如實說出不記得是六年還是七年的時候，突然感覺到自己是個相當無能、有瑕疵的人一樣。

「好像自從新羅統一三國之後就沒談過戀愛了。」

原本想要含糊其辭打發過去，但她絲毫沒有打算就此打住。

「這一點都不好笑！那有做愛嗎？妳是怎麼忍耐的？」

我的天啊！是我活得太久了嗎？我必須好好打起精神，免得因為掀桌而被警察抓走。仔細想想，這確實是件怪事。地球上有數不清的人口，而人類都是孤單的動物，可是怎麼會有人幾年、幾十年，甚至是隻身過一輩子呢？而且為什麼會是我呢？上輩子犯了什麼滔天大罪嗎？就算真是如此，我必須因為毫無記憶的前生罪孽而受到全世界的責難嗎？與其嘮叨，還不如幫我介紹對象。

這全是源自「把擁有另一半視為人生基本型態」的觀點。白人將白人視為人類的基本型態，多數男性將男人視為人類的基本型態，異性戀者將異性戀視為基本型態，而身體沒有疾病或特殊異常的人則認為這就是基本型態。在相反的一方起而反抗之前，大家都未曾意識到這是一種優越主義，是一種歧視。戀愛亦是如此。單純因為沒有男女朋友，就認為那個人在競爭中慘遭淘汰，或者浪費社會資源的觀點是很不合理的。不談戀愛又不是什麼犯罪行為，也不是什麼羞恥慚愧的事，你憑什麼隨便給對方建議、嘮叨或咄咄逼人，還導致對方必須自我辯護，自己好像變得很渺小似的。

這也要歸咎於不相信「緣分」的潮流。「為什麼無法談戀愛？是因為沒有遇上緣分。」這種無庸置疑的答案，最近被認定只是一種藉口。畢竟夜店充滿了追求露水姻緣的男女，只要打開約會手機軟體，你就能看到半徑一百公里內單身男女的個人資料。大家都認定，只要你願意，想要多少就有多少，所以不談戀愛的人就顯得很怠惰無能。雖然因為制度上的不完整，結婚也有可抨擊之處，可是卻毫無方法可以反駁別人逼你談戀愛的壓力。但不管戀愛是身心疾病的萬靈藥，只要下定決心就能手到擒來，又或者是當事人一心想追求卻無法如願好了，這可是我的身體、我的精神狀態、我的心、我的欲求，周圍的人究竟憑什麼評頭論足？

即便是聽起來很悅耳的情歌，也只適合聽一、兩遍，但每見到一個人，就會詢問或擔憂我是否談了戀愛，這樣的狀態維持好幾年之後，不免就會變得神經衰弱。明明當事人說自己沒事，說自己不孤單，真不曉得為什麼身邊的人老是愛問：「妳很孤單吧？對吧？」單純是因為覺得捉弄人很好玩？有別於他們的擔憂，我可沒有為了自己幾年沒談戀愛就每天晚上哭溼枕頭、刺著自己的大腿或內心徹底腐爛。反倒是他們以擔憂為藉口所說的那些話語，才是朝我們平靜的心扔下石子，創造出本來沒有的孤單的元凶。所以，如果沒有打算幫忙，拜託就別多管閒事。我的戀愛，我自己會看著辦。

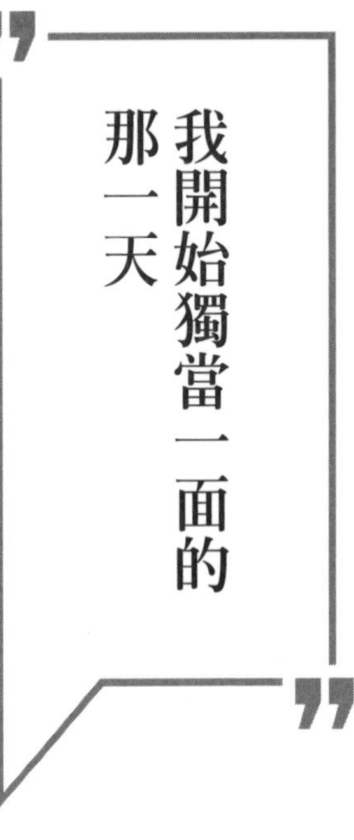

我開始獨當一面的那一天

不需要為了獲得完整的人生，
而需要某個人的幫忙，
對於獨自生活的人而言，是至關重要的。

在我二十幾歲的時候，周圍四十多歲的單身族並不常見，而且即便是在超過三十歲結婚也會被嫌太晚。因此你可以想見，我在二十歲的時候聽到這句話時，受到了多大的衝擊。

「為了慶祝四十歲的到來，我姊的朋友買了一台車。她說，買了車子之後就不需要男人了。因為可以承載很重的行李，而且想去哪就能去哪。最近只要到了週末，她就會到山上或海邊玩，日子過得很快活。」

這真是一項便利又具有劃時代意義的思想轉變，男人與結婚竟能用一台汽車來取代。在不婚主義與生育怠工成為主流之前，身為一名處於「適婚年齡」的「可孕期女性」，我之所以能毅然對婚姻說不的原因，正是因為這一句話。

朋友說，她在搬運儲水桶的同時，對永久的獨身生活產生了自信。她訂購了水送到自己的住處，但送貨員卻一聲不吭地放在樓下就走了，於是成功將六個兩公升的儲水桶搬到三樓，深深陶醉於勝利感之中的朋友如此想著：

「我超強！我所向無敵，任何事都辦得到！我一個人也能過得很好！」

我在更換家裡的插座時也有過類似的想法。當時我想要更換老舊毀損的插座，可是卻無人可求救。如果想請水電師傅幫忙，光是跑來一趟就要一千多元。儘管在這之前我也很擅長更換辦公室的儲水桶或是更換玄關燈之類的，但接觸電器又是另一個層次的問題了。我認為那是一項非常危險又專業的領域，唯有在高中正式學習電力系統工程的人才可能辦得到，但是因為沒人可幫忙，所以也別無他法。我在網路上尋找更換的方法，苦惱了好一陣子，最後將電源開關取下，拿起了螺絲起子。完成作業之後，我插上檯燈的插頭，燈泡閃了一下亮了，而我的心也跟著亮起一盞火花。「啊哈，這也沒什麼嘛！」沒有因為漏電而發生火災，也沒讓誰不小心觸電。

在抓到蟑螂並且在五分鐘內處理掉之後，我又再度對一個人也能過得很好產生了信心。我非常痛恨蟑螂，如果是蜈蚣或蜘蛛等只會在平面上移動的昆蟲還比較不可怕，但問題就出在蟑螂遇上苗頭不對的狀況時就會飛來飛去。因為擔憂那一團細菌會碰觸到身體的某處，所以我連那附近也不敢接近。更何況我記得殺蟲劑的廣告上看過，如果見到一隻蟑螂，就表示家中已經住了整個蟑螂家族，在牠們死亡的瞬間，細菌與卵會跟著四處散播。有很長一段時間，我都無法將那個畫面從我的腦袋中驅逐出去。因為想要避免蟑螂猖獗的情況，所以一旦看到蟑螂出現，我就會誓死想辦法抓住牠。只是後續處理是個問題，就算用了長掃帚與畚箕，但是在碰觸到牠的那一刻，感覺就會像恐怖電影的逆轉般，昏厥過去的蟑螂再度甦醒過來，來個最後的一擊。屍體周圍呢，則像是有輻射線一樣，就連附近都不敢靠近。我想，擁有這種恐懼心理的人恐怕不在少數。

過去還曾經發生過這種事。我和一位不怎麼熟的公司前輩一起搭計程車，她悄悄地問道：

「妳今天要不要去我家？」

「怎麼了？」

「其實我幾天前抓到了蟑螂，可是我不敢去清理牠，所以用杯子蓋住了。妳能不能幫我清掉？」

「我也不敢清理蟑螂。」

儘管如此，我還以為男人會好一點，但一點也不。有一次我要男友幫忙清理已經抓到的蟑螂，結果他連續三天都以忙碌為由沒有現身。之後才曉得，因為他害怕蟑螂，所以如果不是想在女人面前裝man，就連抓也不會去抓。

我之所以擺脫對蟑螂的恐懼，是在遇見擴大恐懼的元凶——除蟲業者之後。客廳出現一隻麻雀般大小的蟑螂那天，飽受驚嚇的我立即打了電話找除蟲業者。結束檢查後的人員說，家中沒有蟑螂的棲息地，那隻蟑螂是從外部入侵的，而且蟑螂卵是黑色顆粒，用肉眼就能區分。也就是說，我不必想像肚破腸流的死蟑螂附近會有看不見的卵散落一地；直到這時我才想到，從來沒有遇到有誰因為蟑螂而死亡或者得病。在那之後，當我再次在家中碰上蟑螂時，我會將最厚重的雜誌朝牠扔去，將牠打死之後，（比以往）更毅然決然地處理善後。在做了大約五分鐘的深呼吸之後，我會將雜誌翻過來，確認屍體的狀態，然後蓋上廢紙，讓自己看不到之後，拿到馬桶前面丟掉，按下沖水鍵，將使用過的紙張立刻拿到回收垃圾場，用溼紙巾數次擦拭殺害現場的周邊，找出可能是蟑螂行經路線的牆壁縫隙，接著塗上樹脂。那天晚上入睡時，我心想：

「如今我成了就連蟑螂也敢清理的女人！從今以後我毫無所懼了！我不需要任何人！一個人也能過得很好！世界啊，放馬過來吧！」

雖然有些誇大其辭，但不需要為了獲得完整的人生，而需要某個人的幫忙，對於獨自生活的人而言是至關重要的。也許世界上也有從親自煮大醬湯或熨燙白襯衫中領悟到「我一個人也能過得很好」的男人。此外，在我認識的人當中，透過自我克服來增進單身能力並開創里程碑的，是一名四十歲中段班，最近所認識的女性。她領悟到自己想要的不是長期關係而是性，於是開始在約會軟體上尋找性伴侶，確認自己能夠輕鬆地解決慾望，達到了即便獨自生活也毫無所懼的狀態。雖然性與抓蟑螂不是同個等級，但每個人的需要不同，所以大家也就別太計較了。最重要的是，不必依賴與「不完整的他人」之間的關係也能達成一切的自信。

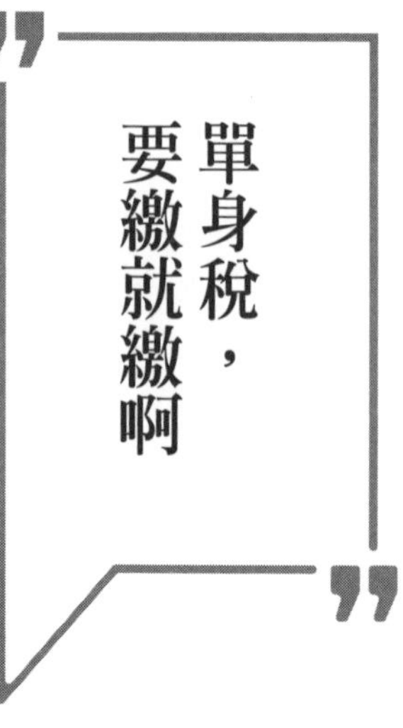

單身稅，要繳就繳啊

「單身稅」這個詞，蘊含著這樣的觀點：
在我、我們、這個社會的可孕期女性
成為有權利自行追求幸福的自由人之前，
我們是社會的一個零件。

近幾年，只要快被人們所遺忘，「單身稅」就又會成為話題。保健福祉部相關人士在與記者閒聊時曾說：「為了克服低生育率的問題，可能會訂定單身稅。」後來那個人為了收拾這個殘局而絞盡了腦汁。而在調整所得減免優惠的同時，新聞報導了一人家具要比兩人家具徵收更多稅金的事實。面對這樣的情況，比起委屈，不如說是心情錯綜複雜。

網路上曾經流傳過，面對他人詢問為什麼不結婚的時候，台灣總統蔡英文曾經回答：「沒有必要為了吃一根熱狗而養一頭豬。」雖然最後證實只是謠言，但聽到的當下忍不住拍了一下膝蓋。習慣單身生活後才了解到，與其為了單價較低這個原因而到量販店買一堆商品，放到腐壞後再扔掉，不如多花幾百圓在附近的小商店買一顆洋蔥、一根熱狗還比較划算。結婚也是如此。我不想單純為了愛某人、想和對方在一起，而使我的人生多出一群婆家的人和兩人份的生計。倘若捨棄買一送一的商品，只買一根當下需要的熱狗需要補貼單身稅的話，那我還不如乾脆付這筆費用。

每個人都捨不得把錢拿來繳費，可是卻不能這樣想。記得在幾年前，因為工作上有太多費用沒有領到，弄得我抑鬱成病。因為日子實在過不下去了，所以我年初就傳訊息給所有負責人。「給你一天的時間，如果沒有在這期限內解決的話，我就會將這件事告知你們的客戶（或主管）、媒體與政府，然後進入訴訟階段。不用再多說了，我也不會接電話。」

結果，短則兩個月，長則拖延近一年的費用都在一天內入帳了。但大快人心的心情不過是一時罷了。耗費幾年工作的收入全被歸納為一年所得，由我這邊支付給其他自由工作者的費用、沒有再售出的書本版稅等也都包含在裡頭，所以隔年接到了地區保險費*炸彈。

「最近我沒工作啊。」

---

*地區保險費：將一個人的財產、車子、月收入等合計後所算出的保險費，通常以家庭為單位。

雖然我也試著到保險工會去哭訴，但完全行不通。有一位資歷很久的自由工作者對靠著赤字戶頭繳交保險費的我說：

「妳別為了稅金而感到委屈，更何況保險費不是用在獨居老人或孩童的醫藥費用上嗎？妳捨不得買藥給那些人嗎？」

於是我才稍微清醒過來，決定再也不去追問或計較，要我繳就繳。稅金不是我一個人所使用的，而是為了共同體的其他市民著想，所以處境比較好的人必須多繳交一些。

相同的，假設真的要徵收「單身稅」，到時我也會二話不說地繳納稅金。我是指如果那筆錢能夠幫助那些沒有錢買地下室住屋和簡易布衣櫃，所以結不了婚的非自發性單身族，也因此能夠對提高生育率有實際貢獻的話。但是單身稅要實際立法的可能性是微乎其微，因為完全沒有合理的名目。

經常用來反駁單身稅的觀點有二。第一種人認為，結不了婚本身就是人生的一種懲罰，為什麼還要繳交懲罰性的稅金？他們是屬於有意願，可是卻沒有碰上緣分的一群。第二種人則是主張，我們社會的低生育潮流是源自低收入、不穩定的就業率、高養育費等經濟原因，所以追加徵稅只會助長逃避生育的現象。這一類是屬於雖然有意願，可是經濟能力低下的人。不過，兩邊都對於要繳交單身稅感到委屈。這就和雖然失業率很高，可是卻不創造就業機會，反倒徵收失業稅是一樣的。

問題出在於像我這種人身上，雖然無法讓一名子女豐衣足食，但也有自信不會讓孩子餓肚子，可是卻不想結婚，也不想生育。福祉部相關人士的腦袋中，大概認定我這種人就是造成低生育率的元凶。在這種情況下，徵收單身稅也沒有效果。對我而言，如果不想繳交單身稅，那就去結婚生子，這就和如果不想繳交地區保險費，那就去找工作是一樣的。因為討厭公司，所以我寧可減少收入，選擇自由。如果世界上全是我這樣的人，國家和企業是無法順利運轉的。因此我想清楚了，如果要求我多繳納一些稅金作為懲罰，我願意繳交。

身為一名有能力懷孕的女性，可是卻逃避生育行為。從此觀點來看，我無疑是這個社會的惡意程式碼。在全世界的排行中，大韓民國的生育率是掛車尾的，這意味著當我們這一代退休時，沒有人能為我繳納國民年金，也沒人替我興建養老院。因此，如果有人願意以昂貴的生育與養育，代替我生產勞動力，自然是件值得感激的事。而我也已經為繳納這所帶來的懲罰性稅金，在年末結算的扶養親屬免稅額、銀行貸款優惠、添購不動產順位等上頭承受了相當的損害。我一個人買房、一個人購物、一個人繳交水電費，花費的金錢卻是夫妻或同居情侶的兩倍。對此，我並不認為有何不合理。

但是，不管別人說什麼，我並不想親自孕育成為自己一輩子心頭刺的子女，為此中斷職涯，在職場上聽別人大言不慚地說：「果然女人就是不行。」以及聽丈夫說：「家人之間做什麼愛？」之類的，或者為了子女的大學學費，悲壯地淪落為老年貧民。如果遇上了很會攢錢的丈夫還好一點，在如今這個世道上，四十歲上下的女人能夠「以找婆家為業」的機率有多少？假設運氣夠好，遇上了那種男人，要我在剩餘數十年的人生中把他人當成預設值，我怎麼想都辦不到。

假設福祉部能夠排除那些感到委屈、非自發性的未婚族，找出像我一樣日子過得去的不婚族，並且命令「為你的自由和幸福付出代價吧。對於滿懷慈悲地代替你生產社會勞動力的這些人，你應該給予合理的補償」的話，我願意欣然接受。只不過他們要用什麼方法來區分他們？而且合理的補償究竟是多少？

「單身稅」這個詞，蘊含著這樣的觀點：「在我、我們、這個社會的可孕期女性成為有權利自行追求幸福的自由人之前，我們是社會的一個零件。」這樣的觀點即是我不想生孩子的原因之一。因為不想成為公司的零件，所以我憑藉著成為獨自負擔稅金、獨自處理費用的自由工作者，找到了幸福。如果國家想要成為我身體的主人，那麼我也會用相同的方式回應。所以，就請別再對牛彈琴了，找找其他辦法吧，因為這樣只有非自發性的未婚族會連帶受到傷害而已。

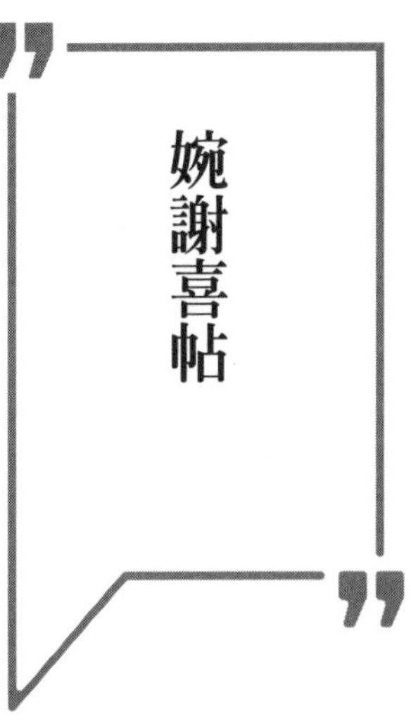

「真的很恭喜你，只不過我戒掉了婚禮。」

很奇怪，從小我就覺得迪士尼公主風的蓬蓬裙很可笑。平時穿著根本沒人穿的特殊服裝，受到萬人的矚目，手中捧著花走來走去，那該有多難為情啊？光用想像的就不禁冷汗直流。那大概是在五歲的時候吧。後來，在年紀漸長的同時，我討厭的東西也逐漸增加。什麼處女之路（Virgin Road）啊？新娘就一定得都是處女嗎？女人牽著父親的手走過紅毯，然後交付到丈夫手上的行為，不正是服從父權制的意思嗎？不僅僅是只用一次就丟棄的喜帖、花環、自助式餐點，還有不管過了幾年都不忍直視的俗氣婚禮照，都是破壞環境的罪行。新娘在向母親致敬時刻意播放的悲傷音樂令人起雞皮疙瘩，不知從何時開始，看著因為厚重的新娘妝與噴霧而變得僵硬的盤髮，客套地說很漂亮也變得令人難以忍受；在作風有如軍隊教官般的攝影師抱怨連連之中踮腳拍團體照，也成了一件苦差事。即便如此，長久以來我仍很認真地參加結婚典禮。我以為理當如此，那時卻不知道，理當如此的事情才最應該心生懷疑。又或者，儘管知道，卻又嫌麻煩。

我是在三十六歲還是三十七歲時的夏天戒掉了婚禮。有一位朋友的婚宴在安山舉辦，我雖然覺得有點麻煩，但是如果不去的話，對方肯定會把我的名字寫在死亡筆記本上，所以我在鐘路展開了漫長的旅程。餐廳位於一個交通極為不便的地方，我搭了三號線地鐵之後，接著換乘四號線，約莫搭了一小時之後，又下地鐵搭了二十幾分鐘的公車。下車之後，我又走了好一段路。那一天很炎熱，我特地塗抹在臉上的化妝品與打點好的髮型卻沾滿了汗水與灰塵，變得亂七八糟。儀式的進行超過了一個小時，在來的路上已經耗盡一天能量的我沒能等到儀式結束，就逕自走到宴席上，宛如家境清寒的老婆般抱著飯碗，不停地打瞌睡。因為腳上穿著高跟鞋，走路一拐一拐的，等到回家之後已經是晚上，等於星期六一整天都沒了。

那天晚上，我在家中啜飲啤酒如此想著：我奉獻了珍貴的一天休假，忍受全身的痛苦去到那裡，讓整個場子增添光彩，難道不應該是我收禮金嗎？平時和她見面時，主要也都由我付飯錢和酒錢。就算往後我結婚了，她帶丈夫和孩子過來吃喜酒所耗費的飯錢，也會比禮金還多。這根本就是「敲詐」！沒錯，我是這麼想的。這像話嗎？不能祝賀別人結婚也就算了，竟然還這麼小家子氣。這有多缺德啊？這全是因為我的身體感到疲累的緣故。人一旦身體疲累，精神也會跟著萎靡，而我的身體之所以疲累，是因為勉強自己去參加婚禮；那麼與其費盡千辛萬苦去參加婚禮，然後心懷埋怨，舒服地待在家裡、帶著真心祝福不是更好嗎？

隔週有個在仁川舉辦的婚禮。當天早上我準備出門的時候，接到了一堆電話和訊息。

抱歉，我今天可能沒辦法去，妳幫我轉交一下禮金。

對不起，請幫我轉交禮金。

對不起，請……

大家祝賀別人結婚的方式比我更光明正大，就連說一定會到場的人全都放了鴿子。我在首爾住了二十年，還是會把國營鐵路和一號線混淆，每次搭乘的時候都會弄錯。那天也是相同的情況，我失誤了好幾次，再次回到了出發的地方，接著在市民的幫助之下，從即將關門的地鐵上跳下，在人們的推擠之下好不容易抵達目的地時，儀式已經差不多結束了。我在一個人也不認識的宴席上吃飯，十分鐘內就收拾行李回到了首爾，往返花了六小時。

那天晚上，我在家中啜飲啤酒如此想著：新郎、新娘真正想要的不是禮金，而是蘊含真心的祝福，如果不是真的想去參加，比起讓對方充滿期待，然後當天出爾反爾，一開始就說不去不是比較好嗎？但是拒絕別人的婚禮邀請，代表著「對我來說，你不是那麼重要的人脈」，那也意味著要斷絕關係，所以要拒絕並不容易。那麼公平一點，所有婚禮都不去參加怎麼樣？

經過那兩次的婚禮，我正式戒掉了婚禮。

「在我媽離婚而且再婚之前，我都不會再去參加婚禮。」

我如此昭告大家。

「真的很恭喜妳，我很想看妳穿禮服的模樣，可是很可惜的是，我戒掉了婚禮。」

特地拿喜帖到我家附近來給我的後輩，聽到這句話之後絲毫沒有感到失望。她是廣播的資深編劇，周圍有許多女性同事。

「沒關係，最近大家都這樣。」

後輩如此說道。

噢，我挑剔刻薄又實在可靠的同志們啊。不僅是那位後輩，到目前為止，就連前輩和朋友都沒有人因為我不參加婚禮而埋怨我。他們可能以為我已經徹底放棄要靠結婚來回收禮金了吧。有時我會想：「要是再這麼下去，可能沒有一個人會來參加我的婚禮。」但人的事情很難說得準，所以我不會拍胸脯擔保「我就是死了也不會結婚」。如果真的演變成這樣，我也無話可說。倘若我真的結婚的話，只能舉辦賓客寥寥無幾的簡陋儀式了。最近就連大明星們也都舉辦「小型婚禮」或是「無婚禮」，沒想到我也在非出自本人意願的狀態下跟上了流行。我的命運就是注定走在潮流之上啊！當然，如果獨一無二的死黨抵制我的婚禮，我也不會埋怨對方。婚禮算得了什麼啊？憑什麼麻煩別人跑來跑去的。也就是說，雖然覺得很抱歉，但婚禮只對當事人重要而已，我一點也不感興趣。

愛情的其他結局

世界上
沒有永遠的孤單，
也沒有永遠的幸福。

二十八歲的時候，我和男朋友一分手，前輩就如此說：

「聽說如果在二十八歲分手，就會單身到三十四歲。」

雖然不曉得這有什麼科學根據，不過卻一語成讖了。回顧過去，當時的我在男人的眼中，也許是「處於無法只談戀愛的年紀，但要論及婚嫁，卻又是個無法百分百確定的人」吧。

「妳很有魅力，不過如果和像妳一樣的女人交往，好像無法在兩年之內結婚。」

我真的在三十歲左右時的相親場合上聽到這種話。那是在對方問我為什麼聽到他的話後沒有笑，並且挑釁我這樣要怎麼當記者，我回嗆他說：「我現在是來工作的嗎？還有，好笑才笑啊，明明就不好笑，要我怎麼笑？你，真的超級無趣。」他是在男多女少的公司工作，以遇見一位聽話順從的女性並在兩年內結婚為目標的上班族。

過了沒有結婚念頭的年紀，從三十五歲開始我打定了主意——「婚也可以結，只是可以的話，不結婚會比較好」，結果反而有許多戀愛的機會。不再期待一段穩定的關係之後，於是可以不必互相猜測，而是去評估對方是否和我合得來、講話是否投機、和這人的未來會如何發展、身邊親友的評價如何、是否能一同度過人生危機等。既沒有必要花心思討好我，也沒有必要試探對方。接著，便或多或少陷入了愛情，感到幸福、互相傷害，曾哭泣過，也曾迎來分崩離析的結局。然後，正如大家所見，我至今沒和任何人結婚。有的男人是獨身主義者，有的男人當時面臨著比結婚更重要的人生關卡，有的男人就連對自己負責的能力也沒有。即便如此，這些並不構成分手的原因。

許多朋友聽我說彼此沒有結婚念頭，都認定是因為我和男朋友之間的愛不夠深，或者男人對我不誠實，所以經常勸我分手。他們主要都是比我年長的人，不過他們好像遺忘了，結婚不是愛情的問題，而是狀況的問題，尤其是談論他人的時候。

但是他們的猜想錯了。一起去旅行、在春日的綠蔭大道與夏日的海邊漫步、一起做飯吃、聆聽音樂、每天通電話、挑剔著不會挑剔他人的事、一起對瑣碎小事哈哈大笑、談論著過去與未來、努力理解與互相安慰、撫觸彼此的身體、枕著對方的手臂入睡、生病時守護在身旁等，這一切並沒有因為我們的結論不是結婚就變得毫無意義。就算沒有承諾要結婚，我們仍能為戀人做那些事情；只要拋棄對於永恆愛情的執著，這樣的狀態也能令我們感到幸福。我認為，或許正因為沒有那份執著，所以才能遇見更多元的人，能夠更專注於當下，所以那些關係也才能維繫得更長一些。

讓我擺脫孤單所帶來的不安，對於離別的恐懼，不再害怕成為淒涼獨居老人的，不是永遠的承諾，而是那些戀愛的經驗。就算往後再次變成隻身一人，我仍會踩踏在從那些經驗之中獲得的教訓之上，重新站起來。我深信，世界上沒有永遠的孤單，也沒有永遠的幸福，而你也不知道，緣分會在何時何地現身。

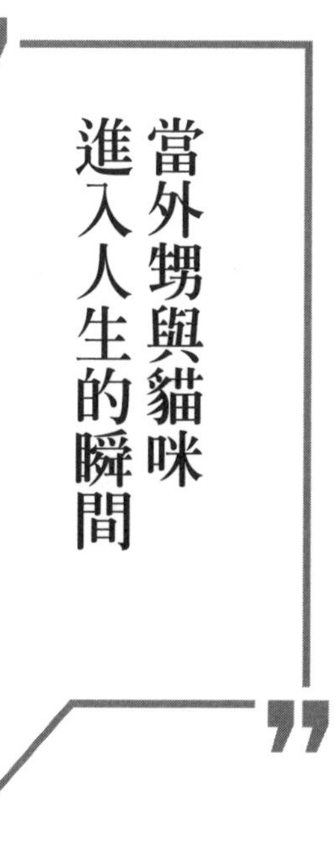

當外甥與貓咪進入人生的瞬間

父母有父母的一份愛；阿姨也有阿姨的那份愛。

二〇一〇年，姊姊生下兒子之後，先教導孩子說的話不是「媽媽」「爸爸」，而是「阿姨，請買iPad給我」。迎接四十歲、離過婚的前輩，在調整人生新方向時，將保險受益人從父母改成了姪子。完全不談戀愛的單身友人們，還有人單純因為美觀而訂閱了國外育兒雜誌。我將此稱為「滅亡的徵兆」。

恰好這時，媒體上出現了「黃金阿姨」（Gold Aunt）的新詞。它指的是不用為生活費掙扎、多餘的母愛無用武之地，因為沒有養過孩子，所以完全不管實用性，只要好看就會買給孩子的阿姨。明明連張金卡都沒有，卻獲得黃金小姐、黃金單身族的稱號，同時被視為行銷上的肥羊。對此感到厭倦的我，聽到黃金阿姨這樣的說法時也不停嗤之以鼻。我原先就不喜歡小孩子，對於只知道子女的母親，畢竟是懷胎十月生下來的，所以還能夠諒解；但時時以姪子、外甥為中心，這就好像認可了自己無法結婚與生育的渴望，讓人覺得很沒出息。然後，時間過去了。

因為和姊姊大吵一架，已有好幾年沒有聯繫，所以我沒能參與到外甥和外甥女的嬰兒時期。有次碰上家族活動，在迫不得已之下，再次和姊姊見面時，大外甥已經成了有能力說出完整句子的兒童。原本我並沒有打算要密切往來，但外甥老是哭鬧，說要去「書明的家」，所以往來變得很頻繁。這小子是個情感豐富的孩子，只要和爺爺、奶奶玩上幾天，分開時就會有如置身韓戰期間寒風凜冽的興南碼頭，獨自被寄託於逃難船上般痛哭失聲，令大人們感到於心不忍。另一方面，小外甥女雖然有些冷淡，但她也自有一套擄獲大人心的祕訣。在她滿週歲之前，除了和爸爸和奶媽之外，只要和別人對上眼神，她就會顯得驚慌失措；也因此只要她輕輕一笑，大家就像是蒙受君王的恩寵般感激涕零。

那時，只要到姊姊家拜訪，他們就會徹底展現出「爸媽忙著賺錢不在家」的面貌。大外甥一整天說著「叮咚~有快遞」並樂此不疲；小外甥女則是用延邊的腔調說：「書明阿姨，放波力（淑明阿姨，請幫我播放《波力》的影片。）」我不僅覺得他們可愛，甚至還心生憐憫，對此感到束手無策。反正買東西給他們也不會記得，所以我將現金交給姊姊，說是要給孩子們的禮物。一時好玩，我買了千圓的《Pororo》和《泰路可愛小巴士》貼紙。看到孩子們不停地九十度鞠躬說「謝謝阿姨」，還親我臉頰，我的最後一道防線也徹底瓦解了。不管去哪裡，我都會先看到孩子的東西。我的衣服都是在漂亮的店鋪中，以三百元以下的價格購入，可是我到法國出差時，卻在Bonpoint和Jacadi的童裝賣場東張西望，在小童星秋小愛用過的印地安帳篷或四段合體《機器戰士TOBOT》玩具組前停下腳步。只要想像咚咚跑來，在我的臉頰上啾啾啾三下，口齒不清地說「謝謝書明阿姨」的外甥和外甥女，就會感覺下視丘的內啡肽激增。每當這種時候，我就會想起小時候，代替挑戰百分之百恩格爾係數*的父母，買給我生平第一個也是最後一個芭比娃娃組的阿姨。我的人生中從未收過如此厚重的禮物；畢竟父母有父母的一份愛，阿姨也有阿姨的那份愛。

令人沉痛的是，在對於外甥與外甥女的愛越來越深的同時，我對於世界也益發感到悲觀。最大的問題，就在於讓人無法信任的社會系統。二〇〇八年，在教會的洗手間，殘忍地強暴並傷害八歲

*恩格爾係數：食物支出占總收入（或總支出）金額的比例，係數越高，表示生活水準越低。

女童的趙斗順，卻僅僅被判處十二年有期徒刑，那麼等到被害者成年後沒多久，他就會再次回到社會上。他出獄的那一年，外甥女恰好屆滿十歲，想到這裡，不禁感到胸口沉悶。為了孩子們的生存，於是我們必須教導他們懷疑他人。在這樣的國家中，生下孩子、送孩子上學，果真是正確之舉嗎？

還有其他問題。有一回，姊姊必須出差，拜託我送孩子到幼兒園，時間是一週。因為姊夫上班時間太早，所以只能借助他人之手。至於我，都因為無法在早上起床，所以不去公司上班了，又怎麼可能辦得到呢？雖然因為沒有自信而拒絕了請求，但掛上電話之後，心情一直感到很沉重。我知道在韓國生兒育女需要耗費多少金錢與勞力，因此對於女性在社會上受到的不平等待遇感到滿腔的憤怒。我無法讓姊姊跑去向公司說：「我找不到人幫我照顧孩子，所以無法出差。」最重要的，他們不是我的外甥與外甥女嗎？最後，我順利完成了任務。只有一次因為睡過頭，在最後一刻驚險抵達，在姊夫的人事考核紀錄上留下了些微瑕疵。

有時，姊姊說要加班，拜託我幫忙照顧孩子。韓國勞工環境是一種不合理的系統，加班與週末上班不是選項，而是基本條件。企業所壓榨的，除了雇用的那名員工之外，還包括了他們的子女與家人。但是，為了解決眼前的問題，我只能親自跳入那個系統，跟著一搭一唱。身為大企業員工與公務員的姊姊和姊夫，幸虧還能在首爾找到全租的房子，順利結婚。姊姊也能在用完法定的產假與育嬰假之後，毫無損失地回到公司，並且每個月支付等同我月收入的費用，將一部分育兒的工作外包給我。儘管如此，還是不免讓人憂心，如果必須為育兒而拚命掙扎、時不時擔憂子女未來的花費，大部分的老百姓究竟要如何生兒育女？

我沒有膽量，也沒有能力在這種社會中生兒育女。對於生育行為逐漸產生懷疑之際，身為大人的我，必須盡可能照顧離我最近的後代（外甥、外甥女）的責任感也與日俱增。過去雖然期望地球可以早日滅亡，但現在的我希望能打造一個更美好的世界。過去，聽到前輩將死亡保險金受益人改為姪子之後，我雖然笑了出來，但如今卻多少能理解那種心情。

既然說到了保險，與我要好的友人在保壽險的同時，向身為受益人的母親請求了一件事。當自己死亡時，要將自己的貓與一部分保險金交給我。因為保險公司的條款上沒有動物的相關內容，所以事先拜託了母親。過了幾年，在二〇一六年十月，一家銀行推出了寵物信託的商品。顧客事先將資金交給銀行，而在本人死亡之後，就會將費用支付撫養寵物的人。撫養費是採分期付款的方式，每次支付時，需要向銀行提出相關文件，因此也能夠確認寵物的狀態。如今，商品對象還包括了貓、狗。

這位貓奴經常向我吐露，第一隻寵物貓如何改變了自己。我是在他養了第二隻貓咪之後認識的，所以不曉得他過去的模樣。根據他說的話，年輕時自己是個非常毒舌，不懂得什麼是愛的人。

「如果不是貓咪，我仍然會是個混帳東西。」

近期的他個性溫和而親切。

如果對已婚生子的人來說，家人至少包括了父母、配偶與子女，那麼單身的我則是將範圍擴大到外甥與外甥女。還有，對於某個人來說，其中又包括了貓與狗。另一位年逾四十歲、獨自生活的朋友，起初在養貓的時候，遭到身邊的人戲弄說：「是打算一輩子單身了嗎？」那又怎麼樣？不過是血緣與法律定義的家人比較少罷了，愛所能選擇的家庭尺寸，絕對不會因為單身而變小。

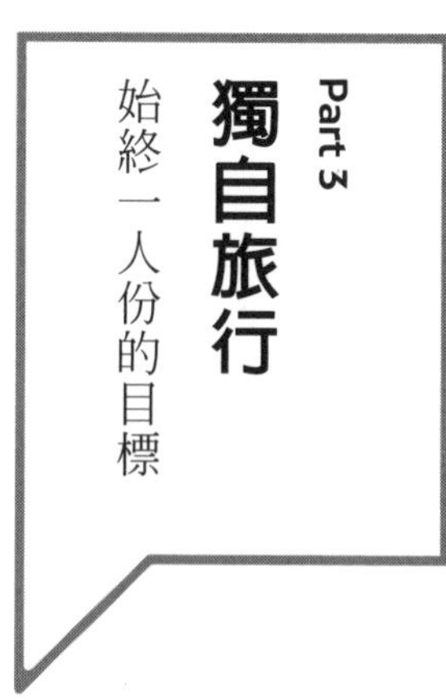

Part 3 獨自旅行

始終一人份的目標

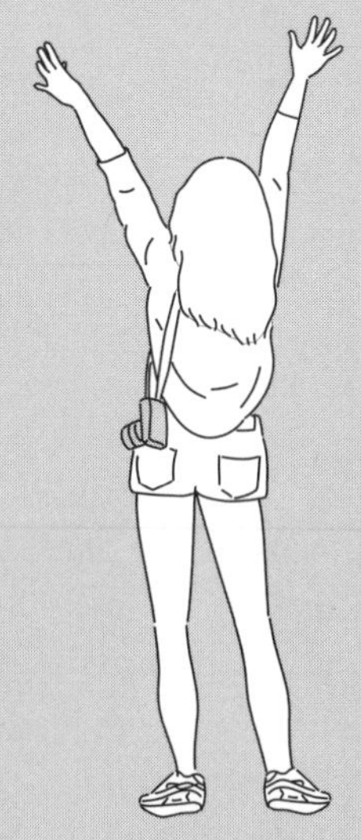

管好你自己吧

當女人和某人在一起時，
也許會讓人覺得可惜；
但獨自行動的女人，從來都不可惜。

數年前的新年前夕，我去見住在濟州島的朋友。朋友出門工作之後，我無事可做，決定到住處附近的榧子林逛一逛。我獨自站在公車站牌前，結果有一名女生揹著背包走來。她說，自己趁連續假期來獨自旅行，但沒想到有許多跟她一樣的旅行者，每間民宿都沒有空房，必須每天換住處，所以連背包都無法寄放，只能揹著四處跑。

那是個寒風刺骨的日子。雖然沒有與她建立交情的想法，不過我們搭了相同的公車抵達，所以在榧子林內也一前一後地參觀，接著遇見了一個來自江原道的家庭。是一對中年夫妻和他們未滿二十歲的女兒。先生就像是晨間足球俱樂部的總務一樣，是個聒噪又厚臉皮的人物。他向我們搭話。

「妳們是一個人來的嗎？」

「對。」

「哎呀，怎麼一個人來呢？沒有男朋友嗎？」

「呵呵呵。」

我帶著尷尬的笑容，稍微加快了速度，和他們拉開距離。接著，從腦袋後方傳來這樣的話。

「這位小姐一個人旅行，太可惜了。」

我就不提他是對兩人中的誰說話了，只是我的血壓瞬間上升。我猶豫著要不要回他個痛快，腳步慢了下來，背部的肌肉也隨之抽搐。要不是他的太太和女兒隨即看穿了這點，說了句：「哎呀。」並制止了他，我可難保天然紀念物三七四號的榧子林在那一天會有何種命運。男人說的話令我不快的原因有二：

第一，陳腐過時的禮儀與性別觀念。認為女人最重要的就是外貌或性感，而男人不僅有評價的資格，還能公開發表評分結果，並將此當成笑話的行為。無論內容是稱讚或是謾罵，從自己完全不視為異性的男人身上聽到有關外貌的評價，是件很令人不快的事。再說了，碰到就算是給他面子，也只能得到D^+分數的中年男子，就更是如此了。因為他們從未在日常生活中被女人們評頭論足過，所以即使照著鏡子，也不會曉得自己長得有多麼令人生厭。這點最讓我感到大為光火。「你長得很醜！超醜！醜得令人想吐！」偶爾，我想對他們說出這樣的話來。

另一個憤怒的點，在於認為女人到了一定年齡，就必須戀愛或者結婚，和男性出雙入對才正常，如果做不到就是無能的刻板印象。一個人旅行很可惜，這究竟是什麼意思？當女人和某人在一起時，也許會讓人覺得可惜；但獨自行動的女人，從來都不可惜。我倒認為他的妻子與女兒就是前者。我想奉勸她們，往後一定要拋下丈夫、父親，一個人去旅行看看。世界上有許多一個人才好玩的事情，特別是在女人獨自一個人時，可以把好管閒事的男人拋到一旁，遇見許多令人愉快的緣分。

從榧子林回來的路上，這次公車站有四名女人，都是獨自來旅行的。我們沒有詢問彼此，新年怎麼沒回家鄉、為什麼一個人旅行之類的事。我們分享了彼此的旅行計畫，獲得需要的情報之後，各自步上自己的旅途。

翌日清晨，我突然好奇起來，她們是否應景地吃了一碗溫暖的年糕湯，但很快就搖了搖頭。因為我知道，她們是世界上最懂得人生樂趣的一群人。

關係也是一件行李

身處陌生之處，任誰都會有一些些敏感。

老實說，我並不那麼鍾情於旅行。從某個部分來說是如此。要做的選擇太五花八門，而且制定計畫也很麻煩。其他人很享受這個過程，將前往機場的那段時間稱為旅行的高潮，但我在那之前就已疲憊不堪。

我不是只有旅行時才如此。只要決定買相機，我就會依照分類調查暢銷機種，列出每一台的優缺點並進行比較，必要時還會找光學技術的新論文來看，甚至確認製造公司是否有無社會貢獻，接著才決定要購買的機型。到此還沒結束。我會比較該機型在國內外的網路與實體店面價格，閱讀所有用韓語與英語寫出的購買心得，最後好不容易才進入結帳階段。有一陣子，我曾經在打算購入飯桌時，比較各氣候帶生產的木材差異、收尾油漆的種類和是否加入有害物質，甚至還曾經一頭栽入家具設計的歷史。見我如此，曾經有人啞口無言地問道：

「這次是飯桌週刊嗎？」

「啊……對……不知怎麼搞的，就變成了這樣。」

順帶一提，瞎忙一陣之後，我最後購入的是三萬多元的IKEA飯桌。

基於這種性格，光是選擇旅行地點就令我頭疼。從深受旅行雜誌刊登的美照、電影拍攝地點、親朋好友的推薦所吸引，到突然決定「好，就是那裡！出發吧！」都很好，但很快的，我就會開始苦惱「既然決定要去，附近還有沒有可遛達的地方？」為了在網上尋找最便宜的機票和CP值高的住處，熬夜了好幾天，但真要輸入信用卡驗證碼時，「這選擇是正確的嗎？要不要再考慮一天？啊，不管了，頭好痛。」關掉電腦之後，睡了一覺醒來，又反覆做著相同的事。雖然我很少喜歡自己，但沒有比這時候更討厭自己的了。

直到最後，筋疲力盡之際，大致就會直接預約調查期間最頻繁出現，看起來最眼熟的區域和住宿地點等。到了此時，旅行計畫和起初已有十萬八千里遠。明明說要去西班牙，所以才開始制定計畫的，實際預約的地方卻是峇里島；原本打算去坎城電影節，卻購買了繞地球一周的促銷機票。又或者，原本說想去順天*聆聽吹拂過蘆葦田的風聲，但回過神來，發現我在收拾前往智異山的登山裝備。對於旅行的熱情，也從「沒錯，就是那裡！」變成了「既然決定要去了，去是會去啦，只是……」的狀態。

陰錯陽差地出發之後也是個問題。首先，要長時間坐在巴士、火車、飛機等狹窄的空間就很令人退步。在南美時，當我搭乘著小巴士在凹凸不平的路面上奔馳十二小時後，甚至都希望自己的腿部能多三、四個關節。每當抵達終點站時，我都會自我反省。

「想到過去從首爾搭乘KTX到釜山都覺得痛苦萬分的我，不禁感到慚愧。回去之後，我要好好感謝拋棄滿州土地的祖先們，欣然地接受在國內移動五個小時這件事。」

但是，不知怎麼搞的，抱怨的習慣很快又會復發。

抵達旅行地點之後，過了好一段時間，我依然意興闌珊。因為生性膽小、沒什麼好奇心，絲毫

*順天：韓國全羅南道的城市。

不平易近人，所以如果孤零零地跑到陌生的地方，壓力就會席捲而來。加上我是個十足的鐵公雞，所以花錢預約的下榻處，幾乎沒有比我家更舒適的；外語的壓力就更不用提了。因此，只要去旅行，我總是滿腹牢騷，經常變得很敏感。

儘管如此，我依然經常去旅行。因為生活過得卑賤而痛苦，於是帶著在哪裡都比這兒強的想法，開始了兩次的長期旅行。雖說是旅行，但其實是一種逃避。當時，在出發之前，當然也會自尋煩惱，甚至去了之後也發了一陣子的牢騷，神經緊繃、變得意志消沉，而且有時我還會宣告「在我的人生中，不會再有下一次的旅行」。可是，最後一趟旅程回來，經過數年後的某一天，因為工作排山倒海而來，所以我趴在公司辦公桌上喘口氣，異國的巷弄宛如擴增實境（AR）般突然展現在眼前。

「那是哪裡？是倫敦嗎？還是巴黎？又或者是祕魯？」

我靜靜地閉上眼睛，拼湊起旅行的記憶。不知究竟是在何時，又儲存在何處的陌生城市的空氣、氣味、噪音等將我包圍。我想起了陽光普照的波爾多葡萄園，遇見陷入愛河的數千對情侶，處於永晝的莫斯科，杜拜沙漠的風沙，以及獨自沉浸其中的時光。以為於我而言毫無意義的瞬間，或者因為記憶力衰退，很快就會遺忘的場面，猛然拽著我到各處。甚至是在漆黑的街道，拉著巨大的行李箱四處徘徊，尋找住處，抑或是為了填補飢餓感，在雜亂無章的市場大口吞食著不知名的食物，當時狼狽的心情都令我懷念再三。

「多虧了這些回憶，我才能堅持下來。」

這時，我才領悟了旅行的意義。只是，並沒有因為它具有意義，從此就沒了抱怨。我依然對旅行的許多部分感到麻煩和痛苦。獨自旅行都這樣了，如果和想法不同的人同行，痛苦就會擴大為兩倍。即便是天底下獨一無二的靈魂伴侶，也不可掉以輕心。因為身處陌生之處，任誰都會有一些些敏感。彼此為了金錢觀、享受的方式、飲食偏好不同而吵架是常有的事。而且，還多了些預想不到的事。

過去，我曾經和後輩到釜山旅行四天三夜。因為她將行李放滿整個飯店房間，所以如果想去洗手間，就必須踮腳尖避開障礙物。我無法忍受睡覺的地方亂七八糟，所以嘮叨了一下，也試著動手清理，但一點用也沒有。她的指尖彷彿有魔法，只要一拂過，所有東西就會變得毫無秩序。明明是她先說要一起旅行，卻凡事都要問我：「所以現在要做什麼？要去哪裡？吃什麼？」為了這位將我當成導遊般使喚的小公主，我還不禁大為光火。

除此之外，每次去餐廳時，拉高嗓門說：「這種東西還敢拿出來當食物賣，應該要將餐飲業者淘汰」，然後將湯匙亂扔的人；只要一開口就詆毀別人的人；對服務業者等遇見的所有陌生人過度擺高姿態，或是卑躬屈膝的人等，這些使旅行變得疲憊不堪的同事多到數不完。當然，這些人肯定也曾因為心生不滿而乾脆閉上嘴巴、走太多路、太捨不得花錢、毫無計畫、缺乏動力等理由而生我的氣。

在幾次經驗之後，我制定了自己的原則——「長途旅行隻身前往，短期旅行和別人同行」。與某個人一塊兒吃住這兩件事，就足以成為一趟凡事需要考慮對方的旅程。根據旅行的調性，我們的選擇也必須有所不同。倘若我想要全然集中在我的旅程上，就不需要再增加一趟旅行來造成混亂。當然，獨自長途旅行是一件極為寂寞的事。有時，我會嘆息著：「我竟然要獨享這美麗的食物！」也會淒涼地望著結伴行動，替彼此拍照、吵鬧聊天的旅者，想念起我的朋友們。光是看著齊聚在陌生城市的咖啡廳，嘻嘻哈哈用餐的一群人，我有好幾次差點就落淚了。「哼，反正回首爾之後，我也有朋友。」像這種幼稚的想法也曾有過。我也曾經下定決心，下次和別人一同旅行的話，要更懂得忍耐、更開心、更努力地打造美好的回憶。但我明白，事情不會如此發展。倘若我曾經發現喜好和生活風格與我搭配得天衣無縫，足以和我一起長途旅行，又能夠控制我的變化無常、優柔寡斷和有氣無力的人，不管那是女人，是男人或外星人，我大概早已和對方結婚，而不會寫下這本書了。對我而言，「我討厭一個人」與「我喜歡旅行」之中，後者會是更強烈的動機，所以往後似乎仍免不了要獨自旅行。

某位前輩曾如此對我說：

「旅行時，就連眉毛也是一項行李。」

沒錯。而且，關係是比眉毛更加龐大的行李。

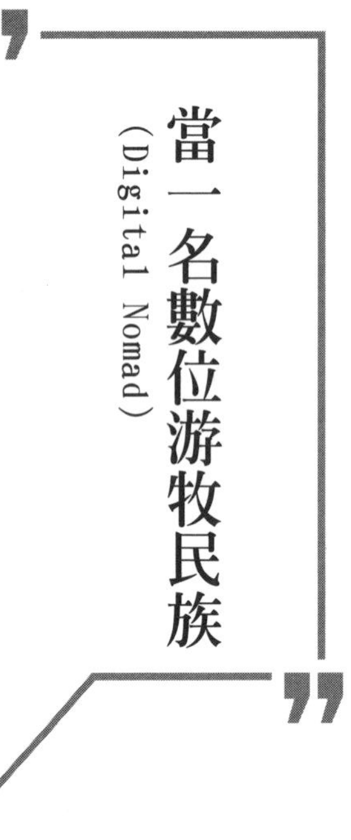

當一名數位游牧民族(Digital Nomad)

沒有任何人阻止我。

我現在正在峇里島的飯店房間撰寫這篇文章。在東南亞度過寒冬是我長久以來的夢想。三年前，因為得了重感冒，病了超過一個月後，更加深了我對嚴寒的恐懼。我巴不得能每年夏天在北歐，冬天在東南亞度過。沒有任何人阻止我。問題在於金錢。我並不是那種以夜空為被褥，靠自由充飢就能獲得滿足的嬉皮型旅人，所以，長達五個月的旅行，我只帶了一丁點衣服，同時也把筆電帶來了。

熱愛旅行的朋友，基於只要擁有一台筆電就能在全世界工作的理由，成了一名譯者。雖然因為結婚與養小孩，計畫出現了差池。這與我成為自由工作者的其中一項原因相似，只是可惜的是，因為收入微薄，所以夏季在北歐度過的夢想尚且遙不可及。不過，在東南亞度過寒冬並不需要花上那麼多錢。感受到夏末溫熱的夜晚空氣中，有一絲涼風竄入的某一天，我把學生時代完全不理不睬，但過了三十歲之後，絲毫不想花錢購買的地圖攤開在電腦旁邊，開始進行調查。接著，我在計算住在首爾繳交的月租、水電費、生活費等時，領悟到這與在附設游泳池，每天提供早餐與打掃的峇里島飯店生活的費用相差無幾。此外，令人感謝的是，我所做的工作完全不受區域所限制。

一邊工作一邊旅行的方式，成了在短時間內接觸到城市新面貌的契機，也使我見到了一般短期旅遊者所無法見到的人事物。在出差頻繁的時期，我經常會順便休假，在該城市旅行；但開始旅行之前，必須先完成稿子。多虧於此，我得以體驗洛杉磯、倫敦、莫斯科等地的國家圖書館閱覽室。後來，即便旅行時沒有工作，我也會將傳統市場與圖書館加入必走的行程。其中最令我喜愛的，是莫斯科的俄羅斯國立圖書館。論起規模，它是歐洲最大的圖書館，在世界上則僅次於美國國會圖書館。但是比起規模，它令人印象深刻的是其優雅美麗的設計，與國家孕育多位大文豪之美名相襯。每個放有立式檯燈的厚重書桌令我產生了錯覺，以為自己正在撰寫的「不是《變形金剛》演員與聯合公園（Linkin Park）成員大鬧克里姆林宮」，而是《卡拉馬助夫兄弟們》。單單為了這座圖書館，我便計畫再去一趟莫斯科。當然，去的時候，也不會忘了去附近的普希金博物館，再次欣賞馬諦斯的《金魚》。

也有剛好相反，素樸而具有魅力的圖書館。去洛杉磯周邊的社區圖書館時，坐在大廳閱讀雜誌的白種老人，以及耳機中流瀉出嘻哈音樂，翻找漫畫的黑人青年們，兩者衝突的和諧畫面深深吸引了我。雖然過沒多久，我就因為飢餓感襲來，所以改到星巴克寫稿了。

圖書館之旅也延續到了國內。那是我去濟州島旅行時的事情。早上搭車從住處出發時，接到了雜誌社的電話。因為旅行前寄出的稿子字數和版面不合，所以要我刪減內容。雖然我回說晚上會修改好寄出，但在旁邊駕駛的前輩突然來個大回轉，開進了涯月圖書館。之後才曉得，原來拜訪旅遊地點的圖書館也是她的興趣，而且恰好我需要使用電腦，我們的車子又碰巧經過圖書館。我用公用電腦編輯稿件，而她則到能看見大海的閱覽室閱讀。那是四天三夜的旅行中，最為祥和又充實的時光。

在我的數位游牧民族（digital nomad）生活中，最鼓舞人心的成就是在二〇一四年達成的。辭掉最後一份工作，再次成為自由工作者的我，很想身體力行，看能不能靠一台筆電在世界各地流浪生活。所以我用十年來以信用卡累積的哩程數，購買了環遊世界的機票，路線包含了土耳其、法國、葡萄牙、美國。為了籌措旅行經費，我分別向電影雜誌、時尚雜誌、旅行雜誌、公司報紙等四個不同性質的媒體提出了各自不同的企劃，規劃了採訪行程。可是，出發前整理行李時，發生了各種矛盾。在需要頻繁移動的旅途中，筆電是件沉重的行李。我前前後後放入、取出了許多次，最終放棄了筆電。不過，我帶上了藍牙鍵盤與智慧型手機的支架。我不知道中了什麼邪，偏偏買了粉色的鍵盤。關在飯店房間裡寫文章時還無所謂，可是在坎城電影節新聞中心一邊注視智慧型手機，一邊敲打粉色鍵盤時，多少感到有些丟臉。一臉嚴肅地貼在電腦前寫報導，卻因為神奇而偷瞄我的外國記者還算是好的，還有幾位上了年紀的記者跑來問我：

「這玩意兒是打哪來的？」

直到最後，我因一時忘記，將鍵盤放在新聞中心，回來尋找的時候，保管鍵盤的員工露出微妙的笑容如此說道：

「啊，妳是指那個『粉色』的物品對吧？」

「粉色」這個字眼，是只有在我的耳中才特別大聲嗎？我彷彿成了《金法尤物》（二〇〇一年）中的艾兒・伍茲（瑞絲・薇斯朋飾），身穿粉色迷你裙，抱著吉娃娃去聽法學院課程。但是，丟臉只要靠意志力就能搞定，筆電的重量是不會改變的，所以不管粉色是否有損我的專業氣質，我依然堅強地和它在一起。我靠著它，在沒帶電腦離開的那兩個月旅程中，撰寫了二十六篇稿子；最近碰到截稿時需要外出，我也必定會隨身攜帶。如果它故障的話，我就會換成嚴肅的黑色鍵盤，但不知怎麼回事，它也沒有故障。

因此，如果哪天你在觀光地的圖書館裡，看到一名打開迷你鍵盤，齧咬著手指的美女，就來打聲招呼吧，我們可以針對數位人士所具有的無限可能性暢談一番。只要你不是對粉色退避三舍的人就行了。

哪天我消失了，就到這兒來找我

因為古都位居高處，
空氣很稀薄，
但能看到燦爛的陽光、
色澤厚實的天空與湖水。

趕月刊截稿的時候，就會迎來這樣的時刻。我開始計算著，因為體力已經徹底耗盡，所以儼然這已成了不可能的任務，但即便我在剩餘的萬分之一的時間內發揮比平時多三倍的生產力，也無法如期完成工作。只能等待某個超越者操縱我們的手指，幫助我們填滿紙稿。過去的前輩稱之為「詩魔」，而我們稱為「那一位」或「稿神」。就在同樣焦頭爛額的某一天，朋友說道：

「我們偷渡吧。」

「偷渡去哪？」

「先搭夜車到釜山港，然後打聽最快出發的船隻。妳想去哪裡？」

「不知道耶。」

如果是關於下輩子，我倒是已經想好了。為了來世能投胎為亞馬遜的樹懶或南喬治亞島的南象鼻海豹，我打算這輩子要累積不多也不少的福德。要是活得太過善良，再度投胎為人類，那可就麻煩了。可是既然已經生為人類，這輩子又該怎麼辦呢？我依照朋友的建議，試著想了一下幾個適合躲起來生活的城市，然後決定了一個地方——的的喀喀湖水內的小島村莊「太陽島」（Isla del Sol）。

太陽島是的的喀喀湖三十六個島嶼中的一個，大小為十四平方公里，為鬱陵島的六分之一。實不相瞞，在進入那座島嶼的二十四小時之前，我連那兒的名字都不曉得。這是很久以前的故事了。

抵達祕魯的普諾，初次見到的的喀喀湖時，我感到大失所望，那裡真的什麼也沒有。

「如果妳想看的的喀喀湖，就必須進入島嶼。」

在餐廳遇見的當地人如此建議，但我只當成耳邊風。

「是喔，有這必要嗎？我不想再搭什麼交通工具了。」

他帶著極為惋惜的表情，引領我走到碼頭。

我確實看見了，在小艇密密麻麻、油汙漂浮表面的平凡碼頭另一端，有繪畫明信片中看過的一小角蔚藍湖水。這即是全部了。生平第一次的漫長自由旅行令我感到疲憊不堪，加上南美洲的冬季比想像中更為嚴峻，別說是旅行了，就連生存意志都快消失不見的我，直接癱倒在碼頭邊的長椅上。

「搞什麼嘛，真無趣。」

然後我睡了一段時間。

我是在紐約待了六個月之後，在簽證到期之際，揹著一個二十公升的背包來到南美洲。看到的人都問我是否要靠它撐兩個月，並且對「那宛如書包般的東西」裡頭裝了什麼感到好奇不已。答案揭曉：兩套夏季和冬季的衣服、三至四天份的內衣褲、襪子、一本《孤獨星球》、盥洗用品、護照和皮夾。因為不曉得原來南美洲也有冬天，所以壓根兒沒帶外套。我有勇無謀地步行登上馬丘比丘，最後還患了高山症。旅行時，我曾因為判斷錯誤而做出這些瘋狂的事。好比說二〇一四年，在風雨交加、迷霧籠罩的某一天步行橫跨舊金山的金門大橋，還有可列為我旅行人生第二大白費功夫的事件，就是攀登馬丘比丘。在那兒幾乎沒有人走上去，下來的人倒是有一些，遇見的人都對我說「Strong girl!」來鼓勵我。但我一點也不strong，只不過是缺乏常識罷了。總之，那時的我又冷又餓又孤單，除了想念紐約之外，腦袋什麼也無法思考。

前一晚在酒吧遇見的波蘭人嘮叨了一頓。

「妳的旅行速度太快了，不能有點耐心嗎？妳去過祕魯發生地震的地方嗎？我看那兒也有很多韓國人做義工。」

「好麻煩，我累了。」

「妳有在納斯卡搭飛機嗎？」

「沒有，那好貴。」

「對我來說是很貴，但對妳而言應該不貴吧？韓國不是世界第十大經濟強國嗎？」

「什麼？原來韓國是這樣的國家啊，我還真不曉得。」

「別說笑了，妳究竟在這裡做什麼？」

「就……過日子。」

他彷彿很鬱悶似的嘆了口氣，接著說起了的的喀喀湖內宛如樂園般的島嶼。

「聽好了，祕魯沒什麼看頭，去科帕卡瓦納吧，然後到島嶼去。」

在長椅上短暫露宿之後起身的我，想起了他所說的話。我翻找已經變得破破爛爛的《孤獨星球》，發現了太陽島這個名字。

「太陽島，印加之神誕生之處，好像很酷耶。」

最後我搭上前往科帕卡瓦納的巴士。

在當時，在那條路上來往的巴士，比韓國鄉下的小巴士還不如。夜晚因感到有股寒意而醒來，結果看到結霜的薄窗戶上貼著兩隻蟑螂。我不禁驚叫出聲，接著坐在旁邊的原住民大嬸笑著抓住了蟑螂。原本打算再次入睡，但這次後面的人卻老是用膝蓋推我的椅背，於是我悄悄地將椅子往後調，進行無聲的示威，但後方卻傳來更強勁的力道。我忍無可忍，轉頭打算說句話，結果看到讓貌似孫子的小不點坐在自己膝蓋上的奶奶，因抱歉得不知如何是好，連連低下了頭。似乎是因為巴士錢不夠，所以才和家人交疊坐著。不知為何，我為了那不屬於我的貧窮感到哀傷。巴士外頭只有電線杆孤零零地延伸著，貧瘠的土地看不到盡頭。我真是一個性格急躁、自私自利又滿腹牢騷，來自暴發戶國家的流氓啊。自責完之後，我偷偷將椅子立起，以無比恭敬的姿勢繼續剩下的旅程。當時的我，好像對世界的一切做好了悲傷、自責與悲觀的準備。

在太陽島的第一天，我在距離碼頭最近的旅社訂了房間。碼頭的地面與水面成四十五度角，而那棟房子獨自岌岌可危地矗立在山坡地上。一起下船的人們大部分都朝山坡那頭走去，消失了蹤影。從旅社的窗戶望出去，恰好可看見繪畫明信片上那個的的喀喀湖。

我開始做起底片相機年代擔任雜誌記者時所做的事。當時最感到惋惜的，就是看到外國雜誌的美景照片之後，無論再怎麼祈求「請讓我拍出這種感光度的照片」，卻總是拍不出那種感覺。記者們許願想拍出有如西班牙電影導演阿莫多瓦的色感，但結果卻總是韓國導演洪常秀的路線。雖然現在是只要有了Photoshop，就連風景也能無中生有的時代，不過當時是這樣的。攝影師總是這麼說：

「外國和韓國空氣品質不同，所以也別無他法。」

這時我方才領悟到那句話的含義。儘管這兒海拔高、空氣稀薄，但陽光普照，天空與湖水的色澤很濃厚。

我將在馬丘比丘的經驗當成教訓，緩緩呼吸，以慢條斯理的步伐走向村子。雖然說是用走的，但地勢極為險峻，幾乎是貼在地面上爬的水準。一爬上山坡，便出現了小小的教會、低矮牆面的農家與餐廳。我走進最前方的餐廳，在能看見湖水的庭院找位子坐下，點了鮮魚料理，結果卻送上了烤花魚之類的東西。啊，竟然能品嘗到此等故鄉的味道！倘若我是美味鮮魚料理大賽的評審，這可是足以和晚秋的日本叉牙魚一決高下的食物啊。

我享用著餐點、啜飲啤酒，注視著水平線上的晚霞。雖然它和大海一般遼闊，卻沒有海洋中蕩漾的水波，因此每一刻都像是一幅靜止的畫面。四周很靜謐，是無法再更安靜的那種靜謐，就連在腦海中打轉的話語都靜止下來，全然沉默的瞬間。過了片刻，夜晚降臨於村莊之上，我宛如靈魂出竅般，退離自己一步，注視著我的呼吸、思考和感覺，尋找著與這巨大陸地相吻合的律動。

即便如此，我的徒勞無功仍持續著。怎能不如此呢？「如果腦袋不好，身體就會吃上苦頭」簡直是為我量身打造的話。直到夕陽完全落下之後，我才啟程打算回到住處，可是面向海洋的傾斜面完全沒有光線。是啊，就算將村子裡一整年的稅金都集結起來，要立一根路燈似乎也有困難。我再說一次，那是很久以前的事了。偏偏那又是個無月也無星光的夜晚，除了遠處宛如燈塔般矗立的住處大門的燈火之外，什麼也看不到。我只能憑藉手機電池耗盡的微弱液晶畫面，在連爬帶滾的狀態下，好不容易才抵達那個地方，然後就這麼一覺到天亮。

翌日清晨一睜開眼睛，我沒有從睡夢中甦醒，而是萌生一種時空穿越的感覺。就像是經過不連續的時空，突然掉落於陌生世界般昏昏沉沉的。一打開窗戶，柔和清新的空氣迎面而來，此時才逐漸回神。看了一下手錶，一股不祥的預感油然而生，於是我向下俯視，看到離開陸地的客輪停泊在碼頭。接著以超人在公共電話亭換衣服的速度打包行李，雙臂都還沒揹好背包，就慌慌張張地跑出去，但是船隻卻在我眼前駛離。難道我被困在島上了？

在那一刻，我的腦海又浮現了一個愚蠢又不合理的點子。太陽島上有兩個碼頭，前一天晚上下榻的地點是和陸地接近的碼頭，島嶼的對面還有一個。船隻在對面停留了好一段時間才駛往陸地，而島嶼看起來也不怎麼大，如果走快一點說不定能在那一邊的碼頭搭上船？我帶著這個想法，揹著背包出發了。

在我自掘墳墓的人生中，「總不會吧」與「說不定呢」是支撐我的兩大支柱，剩下的兩根支柱上頭則刻有「果然如此」與「反正我就這樣」。果然如此，島嶼比我想像中來得大多了，等我越過一個山坡，來到島嶼正中央時已經是筋疲力盡，但如今想要放棄，此處卻又是個前不著村、後不著店的地方。可是在那遠處，我看見了將我再度送回人間的渺小希望。身穿原住民傳統服飾、皮膚曬得黝黑的少年正在湖水邊清洗衣物。（後來才曉得，的的喀喀湖內有五千名艾馬拉族土著居住，而「的的喀喀湖」這個名稱也是源自他們口中的稱呼）。

我以近乎用滑的方式跑過去向少年搭話。

「這裡有計程車之類的嗎？」

少年露出一副不知我所云的樣子。我雙手雙腳並用，發送出求救的訊息。「我是個原本打算搭船離開這座島嶼，可是卻碰上危機的天下第一大笨蛋，如果你現在不幫助我的話，明天你就會在這看到一具虛脫倒下的屍體。」我將這些內容簡要地濃縮為「計程車？」「公車？」之類的詞語，但也不曉得他有沒有聽懂我的意思。少年沒有任何回答，只露出害羞的微笑，接著很快地往某處跑走了。該不會是把我當成了誘拐犯？如果太陽島新鄉村青年會的人提著棍棒來抓我怎麼辦？就在我略感擔憂之際，少年再次出現在視線之內，果然和身穿可愛印加服飾、頭戴斗笠的中年婦人一塊來了。雖然大嬸的微笑果然也很和藹，但卻是個非常沉默寡言的人。她拉著我，將我帶到綁在湖水某個角落的木船去。

「啊！原來這是的的喀喀湖的私人計程車啊！」

她果然也沒有回答，露出了微笑。

「謝謝您，我的救世主。」

這次我試著用韓語說話，而她果然還是笑著沒有回答，所以我繼續用韓語向划槳的她說話。

「這個好有趣喔，我可以拍張照嗎？」

轉眼之間，我們抵達了對面的碼頭。我向她致謝之後，走下了湖畔。果不其然，前往陸地的船隻已經離開了，但我並未捶胸頓足，只是腦海閃過了「反正我就這樣」的想法。

我在湖畔的簡陋傳統住家間徘徊，試著尋找當天晚上能下榻的地方。起初發現的民宿是個沒有水管的地方，只能靠水桶接的水刷牙洗臉。在放置一小張簡易床的房間內，散發出小學時到體育老師租屋處跑腿時嗅聞到、後來被我遺忘了約莫二十年的濃濃鰥夫味。

「噢，是單人房！很好！」

我立刻選擇了那個房間，反正很難期待那個島上會有更好的住宿設施。我放下行李後，出門去吃遲來的午餐。有別於另一側的碼頭，此處湖岸線平緩，有淺流小溪，所以更顯幽靜。湖畔有著毛茸茸的小豬家庭、驢子和小狗們好整以暇地隨地大小便，四處走動尋找食物。餐廳內有恍如忘卻紅塵的西方人正在用餐。那是一群鬍子留到胸口前、紮著辮子，有如魯賓遜般的男人，以及披戴成串手工藝飾品的性感嬉皮女人。所有人都身在此處，可是眼神卻彷彿望著某個遙遠的地方。真令人羨慕。

「他們一定有帶帳篷，那裡比較不會有鰥夫的味道吧？」

我點了貌似花魚但不知實際為何的鮮魚料理，再加上一句最有自信的西班牙語。

「Cerveza（啤酒）！」

有好一段時間，我一邊啜飲啤酒，一邊凝視著至今眼前見過的世界中，地勢最高、最為寬廣的湖水。

印加人深信，日月乃是誕生於這座島嶼。太陽神「印蒂」（Inti）令最初的印加人從的的喀喀湖水中興起，那些人到了北方，建立了印加的首都庫斯科。是啊，如果不是這裡，還能在哪呢？這正是個適合讓某樣東西誕生的地方。我在腦海中刻劃牽著化為人類的太陽神與月神之手，漫步於湖畔，一名小孩搖搖晃晃地走在水面上，投入祂們的懷抱之中。在我這人類的想像之中，印加神祇的模樣恰似希臘神話中的神明；說得再直接一些，和布魯克・雪德絲（Brooke Shields）在十五歲時拍的《藍色珊瑚礁》（一九八〇年）相似。我心想，看來我得下點功夫研究印加了，然後下定了決心，下次我一定要帶帳篷來，到時要待上許久許久才行。

可惜的是，那項決心至今仍未實現，而在這之間，太陽島在韓國也成了知名的觀光地點。有時看到雜誌上介紹那個地方的報導時，心情就變得憂鬱起來。因為不想交稿，所以逃亡到了那裡，可是如果在觀光客用智慧型手機拍照，以LTE上傳的Instagram照片一角中捕捉到我的側臉，最後因此被揪住了小辮子，那不是會頓時感到全身無力嗎？此刻，我似乎稍稍能理解冒險家一心尋找僻遠之地的心情了。

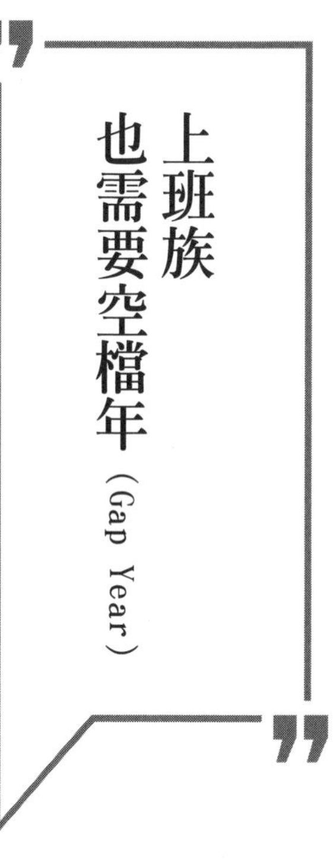

上班族也需要空檔年（Gap Year）

因為人生，誰也不知道何時會死，又是如何死的。

某女性雜誌委託我撰寫「上班族也需要空檔年（Gap Year）」的主題專欄。在歐洲，有上大學前旅行約一年並探索自我的文化，而近年來韓國也吹起這股熱潮，因此主旨是希望上班族在燃燒殆盡之前也能考慮一下這個選項。接到委託之後，我最先想到的是在阿根廷遇見的艾琳與真由美。

我是在擁有藝術塗鴉牆的布宜諾斯艾利斯青年旅舍遇見艾琳。她自我介紹，說自己來自香港，三十六歲，是名平面美編。

「起初我旅行了一年。因為沒錢，所以再次投入職場。我工作了兩年，存了積蓄，接著又辭職，旅行了一年。後來又找工作，然後再來旅行。」

艾琳雖不諳英文，但個性豪爽，旅行期間結交了許多朋友，在青年旅舍自然也是個人氣王。次日，她領著我到阿根廷富豪朋友的俱樂部。真是出乎意料的人脈。

「這位大叔到香港出差時迷了路，可是卻無法向任何人問路，因為香港人走路都很快。在那條路上，唯一好整以暇走路的只有我一人，所以我們才有機會成為朋友。」

我遇見了形形色色在南美度過空檔年的英國、德國、美國學生，以及說在退伍後去長途旅行是種慣例的以色列青年們，不過最令我印象深刻的人是她。在一群年輕人忙著將風景收入眼中之際，她將旅行的自由融入了人生態度。如果說學生與上班族的空檔年有何差異，便是在這點上頭。艾琳之所以會在那天、那個地方住宿，以至於和我相遇，也都多虧了她從容不迫的性格。

「上次住的青年旅社，有個長得超帥的男人。因為我原本完全沒有計畫接下來要去哪裡，可是我問他要去哪，結果他回答布宜諾斯艾利斯，所以我也說正有此打算，跟著過來了。」

在那之後，我們一同旅行了兩週。她是個充滿好奇心的人，每去一個地方，就會買滿滿的紀念品，所以提了兩個背包、兩個購物袋，還有捲起來的一捆海報。觀察天馬行空的她成了一種百看不厭的樂趣。因為同樣屬於東北亞文化圈，所以也有很多共同話題。在拍攝《春光乍洩》（一九九七年）的Bar Sur欣賞探戈表演，談論起張國榮的我們，決定一直同行至烏斯懷亞。

抵達巴塔哥尼亞的關口埃爾卡拉法特巴士總站時，迎接我們的不是為了撫平情傷而來到此地的張震，而是數不清的流浪狗與其他三十多歲的東北亞女性。真由美是來自日本的一名教師。一看見坐在總站咖啡館的她，艾琳和我彷彿早已約好見面的朋友般，理所當然地打了聲招呼，加入了她的行列。

雖然近年來情況肯定不同，不過當時我在南美流浪兩個月，也只有一次在火車站短暫遇見一位韓國人。東方人本身就很罕見。在充滿其他人種的遙遠大陸上流浪多時，連中國、日本、香港、台灣人感覺都像親戚一樣，就好比雖然每逢佳節都會掀桌吵架，但又比其他人擁有更多一致基因的人。彼此的歷史交織在一塊兒，吃著相似的食物，理解相同的文字，聽懂彼此的口音，經濟水準也差不多，曾為相同偶像瘋狂等事實，以無形的線將我們繫在一塊兒。此外，艾琳、真由美與我全是辭職後隻身來旅行、三十歲中段班的女性。真由美與我一起喝著茶，吐露隻身旅行的艱辛。

「這是我人生中最後一次旅行，我已厭倦了。」

「我也是。」

唯有總是興致高昂的艾琳不同意。

和真由美約好隔天再次見面之後，我們分開了。為了尋找住處，艾琳與我走出了總站，此時有兩條流浪狗跟著我們站起身。還以為只是一時的好奇心，結果這兩個傢伙擊退那晚接近我們的每一隻狗，一路護送我們。在住處前面時、在賭場前面時，牠們趴在地上等待了好幾個小時，接著我們現身之後，就假裝漠不關心，保持一步的距離尾隨在後方。多虧了牠們，即便行經暗巷時也不會感到恐懼。感覺就像是帶了可靠安心的保鑣，甚至心中漾起悸動。因為牠們的護送非常專業，所以很自然地就會知道，無法像對待普通的狗一般，稱讚一聲好乖喔，摸摸頭就了事。在進入住處之前，也很理所當然地買了食物給這兩個傢伙吃。

艾琳與我找到的住處非常狹小破舊。牆壁不知道有多薄，那天晚上因為隔壁房間男人們的放屁聲，我們笑到睡不著覺，還懷疑他們是不是有過敏性腸炎。

隔天一起前往莫雷諾冰川之旅後，艾琳先行離去，真由美與我跑去喝茶。埃爾卡拉法特是個高檔的度假勝地，擁有大型超市、咖啡廳、富人的別墅。即便是在白天，咖啡廳也很昏暗。在經歷漫長孤單的背包旅行，面對凍結的世界之後所喝的一杯熱茶，很快地令我們舒緩下來。聊了之後，發現真由美雖然不是失戀，但確實有需要遺忘的事情。

「他因肝炎去世之後，我很埋怨自己。明知道他因為酒精而弄壞身體，可是為什麼沒有更積極地阻止他喝酒呢？」

真由美說起了自己的啟蒙導師。為了這件事，她產生了極大的失落感，失去了支撐生活的平常心，很難繼續工作下去。如果是關於酒，我也有話要說。

「我大伯是個酒鬼。總是在喝完酒之後，直接睡倒在路邊。聽到他突然過世的消息時，親戚們第一個反應都是：『因為酒？』但並非如此。他生前是個漁夫。那天格外精神抖擻地外出工作，結果因颱風來襲而落海，光是尋找屍體就花了好幾天。『早知如此，就讓他喝酒喝個痛快了。為什麼要一輩子折磨他？』在告別式上，我爸哭著這麼說。」

雖然那樣的話想必不會為真由美帶來安慰，也無法減少她的自責，但至少能令她想起一項真理——所謂的人生，即是無法預知何時會死，以及如何死去。我們達成了協議，人生既是如此，那就盡情地吃喝，隨心所欲地過活也不賴。

後來，經過臉書確認的結果，她們在結束旅行之後，回到各自的國家，兩人都在次年結了婚。我向比我晚一年去埃爾卡拉法特的朋友詢問，得知那個社區的狗狗護送事業似乎也進行得很順利。艾琳發揮自己的特長，轉行當生態旅遊專員；真由美在二〇一一年生下了孩子。是日本三一一地震的那一年。有別於嘴上說「我的人生中不會再有旅行」，不管是她或我，仍會抽空去旅行。如今回想起來，想對某件事下斷言的我們，當時實在太過年輕了。

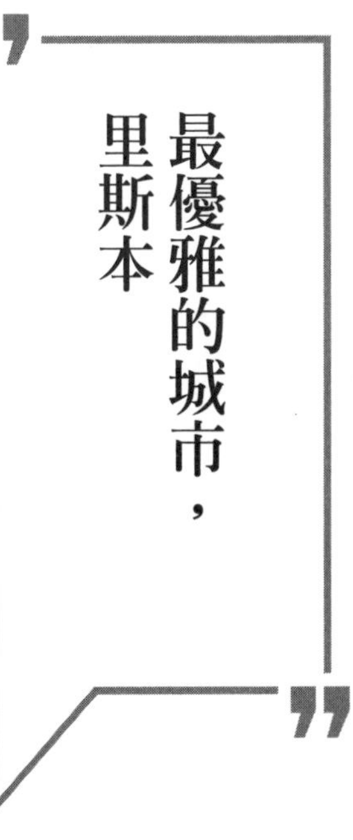

最優雅的城市，里斯本

既不會過於緩慢，也不會太過急躁；優雅而親切，有讀書人的地方。

在國外結交的朋友經常問我，假設金錢、語言、簽證問題一切已搞定，可以自行選擇一個城市生活的話，我會選擇哪裡？

不會是首爾。雖然我非常喜愛這座城市，但充滿沙塵的春季空氣令人難以忍受。如果大韓民國政府往後十年內無法提出有效的政策，我極有可能會搬到釜山住。可是如果情況變得更糟呢？假如釜山沒有清新的海風吹來，而是每天早晨必須檢查沙塵濃度，門窗緊閉，並且仰賴令人懷疑效果的空氣清淨機，如同《魔鬼總動員》（一九九〇年）的火星人一樣生活呢？在經過深思熟慮之下，我的回答是「里斯本」。

我對於葡萄牙幾乎一無所知。不知為何，我以為《里斯本夜車》（二〇一三年）是強調激情與慾望的劇情片，因此看了這部電影，然後得知一九七〇年代市民對抗獨裁政權的康乃馨革命。身為一名經歷困頓艱苦的現代史，且程度不亞於他們的國民，以及在三八六世代*回憶錄全盛時期主修韓國文學的人，可以感受到與之相同的情緒。因為過去曾經歷伊斯蘭帝國的統治，所以我期待相較於一般的西歐國家，他們對於其他文化圈比較不會有排他性或歧視。我從小就對每個歐洲觀光地處處可見的哥德式大聖堂與巴洛克風的聖畫沒有太大興致，而且現在也覺得膩了。儘管如此，當我有機會造訪歐洲南部區域五天左右時，我之所以選擇里斯本與波多，只是單純預想值得參訪的地方不如西班牙多，因為西班牙有很多想去的城市，所以心想之後再找時間去旅行就好了。

抵達里斯本機場時正值大半夜。一搭上地鐵，我就睡得不省人事，後來因為有人叫醒我，起身一看，發現已到了終點站。叫醒我的是一名面容慈祥的阿姨。她將摺成三角形的褪色絲巾繫於顎下，宛如以一九七〇年代東歐為背景的電影中出現的人物。在她的身邊，有幾名穿著素樸、眼神善良的人，正帶著一臉善意俯視著我。在踏上里斯本的土地之前，我便對這座城市心生好感。

正如傳聞，阿爾法瑪地區宛如一座迷宮。尋路的難度、山坡的傾斜度、建物的密度不禁令人聯想到如今已然消失的鹽里洞*鹽路。我在石子路上喀啦喀啦地拖著行李，徘徊了好一會兒，最後找到了下榻處。那天正好是皇家馬德里足球俱樂部與馬德里競技俱樂部打歐洲冠軍聯賽決賽的日子，所以住宿處擠滿了酩酊大醉的年輕人。我還記得在南美烏尤尼鹽沼旅行時，曾經目睹玻利維亞的司機與巴西乘客用各自的語言吵架的情景。

「你們現在該不會是雞同鴨講吧？」

「因為西班牙語和葡萄牙語非常相似，如果講慢一點都能聽懂。」

他們吵到一半，很親切地向我說明。

次日早晨，酒醉的西班牙年輕人有如退潮般到安靜的里斯本街道上散步。每每在巷弄內閒晃時，就會碰上物品小巧玲瓏卻充滿魅力的工坊與掛有純樸招牌的餐廳，而且隨時都有可愛的路面電車擦身而過。雖然這場散步沒有明確的目的地，但路總會自然而然地通往里斯本大教堂；幸好不是

*三八六世代：此詞首次出現於一九九〇年代後期，指當時三十歲、大學為八〇年代入學，六〇年代出生者，意義近似台灣的「五年級生」。

*鹽里洞：位於首爾市麻浦區。

哥德式，也不是巴洛克式，而是羅曼式建築。這是一座歷史悠久的教堂，是十二世紀時基督徒從伊斯蘭教徒的手中奪回里斯本後所興建，在經歷一七五五年大地震之後依然留存了下來。老實說，看到沉重的牆壁上充滿烏黑的汙漬，我不曉得是如此重要的建物，差點就擦肩而過了。我繼續走到熱羅尼莫斯修道院，也在那知名的蛋塔前排隊買來吃。我在市中心繞了一圈，也在一九〇五年開張、歲月悠久的咖啡館喝了杯茶。然而我真正愛上這座城市的原因另有其他，那便是隨處可見的小型書店。

葡萄牙有許多名氣響亮的書店。萊羅書店以J・K・羅琳構思《哈利波特》系列的場所而聞名，果然宛如霍格華茲縮小版的裝潢令人印象深刻。里斯本也有美麗的書店。一七三二年開業的貝特朗書店登上了金氏紀錄，成為「全世界歷史最悠久的書店」。最近由廢棄工廠所改造而成的現代書店Ler Devagar吸引觀光客駐足停留。除此之外，無名的小書店坐落在鬧區後巷的每個角落。有以各自的歷史與優美裝潢為傲的大型書店，即便擁有足以讓小型咖啡廳進駐的規模，但仍依照繪本、食譜或旅遊書等概念來打造新概念書店的國家，也不禁讓人相信，這會是個懂得尊重理性的社會。

於我而言，理性意味著「安全」。雖然確實有人會為了擁護野蠻、暴力、歧視而花心思研究，創造一番理論來寫書，但這是一件極沒效率的事。大部分的書呢，小則包含作者本人的內在，大則蘊含深思人類普遍問題的痕跡，且寫書是在說服自己之後，為了獲得理解，自己所能做出最主動積極、形式最為艱難的一種求愛行為。在拿起書的瞬間，讀者也同樣證明了自己的寬容大量，能欣然接納他人的經驗與思考。所以，比起有許多警察與軍人的城市，有許多圖書館與書店的城市更令我感到安全。

過去有名前輩去了韓醫院，聽到自己的血液流得比其他人緩慢的事情。我還記得，因為這奇妙地說明了她從容不迫的性格，所以不禁笑出來的事。有時我會想，如果因為每個人的血液流動速度不同，於是性格有所差異，人生的節奏也各自不同的話，我的節奏與情緒大概接近探戈、法朵*或演歌女王沈守峰吧。

里斯本這座城市亦是如此。我想生活的城市就是這種地方。既不會過於緩慢，也不會太過急躁；優雅而親切，有讀書人的地方。而且沒有沙塵，或許這是最重要的。

* 法朵：葡萄牙最具代表性的傳統音樂，源自拉丁文「命運」之意，內容經常圍繞著命運、生死、愛情、海洋與歸鄉，有著悲慟的曲調與歌詞。

獨自旅遊指南書

亂槍打鳥者，
敬謝不敏。

伊斯坦堡的第一印象，是「毫無秩序」。

古今中外的文明與自然交織，其中塞滿了觀光客、商人與招攬客人的人。印有阿拉伯風格的絢麗磁磚與布料，填滿街道攤販的小型手工藝品，宛如瀑布般傾瀉而下的世界語言；比起俗麗商店強調厚重輪廓線與陰影的商店，建造已有數百年的托普卡匹皇宮（Topkapi Sarayi）與居爾哈尼公園（Gülhane Parkı）反倒更顯現代。使原本就已熙熙攘攘的伊斯坦堡更令人眼花撩亂的，是只要看到獨自行走的東方女人，就會不由分說地亂送秋波的男人們。

最死纏爛打的一名男人，是在蘇丹艾哈邁德清真寺前面遇見的。連續參觀聖索菲亞大教堂與蘇丹艾哈邁德清真寺之後變得疲累的我，坐在庭園中喝著飲料休息。此時，一名男人向我走來。雖然我幾乎無法聽懂他的英文，但能從他交過韓國朋友，曾經跟著她去過全州等故事得知他是「專業的」。不管他是小偷、來詐騙或亂槍打鳥的，總之就像是沼澤生物般，仰賴著觀光產業陰影下的苔蘚過活。他滔滔不絕地說出自己對於韓國所知的一切，然後說要幫我拍紀念照。雖然我非常擔心他會拿著相機跑掉，但因為附近也有許多其他觀光客，所以暫時將相機交給了他。拍完我的照片之後，他提議一起拍一張，接著輕輕地將手放到我肩膀上，臉頰貼了上來。那感覺並不是讓人感到很愉快。我開始感到不耐煩，於是說要前往下一個目的地，從座位上起身。他說要替我帶路，跟了過來。

「不用了。」

「沒關係，因為我今天休假，所以非常清閒。妳不是不了解伊斯蘭文化嗎？我會好好地替妳導覽清真寺。」

無法區分「婉拒」與「拒絕」這件事，似乎不是國籍問題，而是性染色體的問題。就算要他走，他仍繼續充耳不聞，緊跟在我身旁，不停地問我今天晚上要做什麼、要當我的嚮導、要帶我去朋友的派對、請我吃晚餐等。僵持了好一陣子，最後我想起了遺忘多時的魔法單字。

「我現在要去見『男朋友』。」

「什麼？妳有男朋友？為什麼一開始沒說？」

他大吃一驚，以帶有怒氣的嗓音問道。

「哦，原來你的目的是那個啊？那你就應該先問我有沒有男朋友啊，不是嗎？」

「真的是男朋友？不是為了甩開我才說的？」

「既然已經知道了你的意圖，那我就告訴你。就算我沒有男朋友，你也不是我的菜。」

「啊，真讓人洩氣耶。你們約在哪裡碰面？」

「怎麼？你打算說你也往相同方向？」

「沒有，只是好奇罷了，那旅途愉快。」

這時，他才走入混雜紛亂的廣場，消失了蹤影。我則刷新了徒步最快的速度，朝相反方向走。在這之間，也有很多男人向我打招呼。雖然大部分都是出自於對外國人的善意或攬客行為，不過也有許多習慣性打量我全身上下，令人不快的視線。

其實這不只是土耳其男人才有的問題。如果是趁短暫休假，和好友一起住高級飯店、購物、逛藝廊、在時髦咖啡廳休息的那種旅行，就算告訴我有這種事，我也不相信。

但對於只要一出門就是兩個月，住在廉價住處，在當地餐廳用餐，而且喜好參訪遺跡的單身觀光客而言，碰上亂槍打鳥的人並不罕見。他們主要在觀光指南開頭就會出現的城市代表性景點流連，盯上獨自來到此地的女人，尤其是東方女人。因為就算他們相當露骨地死纏爛打，我們也可能會不知所措地認為「啊，是這國家的文化嗎？」或者擔心會失禮，所以不敢貿然拒絕。而他們似乎也看穿了我們因為語言不通，所以會想極力避免吵架的心態。

亂槍打鳥者還有另一個特點，就是他們是在當地戀愛市場毫無競爭力的男人。像是沒有藍色小藥丸就似乎無法勃起的白種老人；沒有徹底梳洗，所以身上不停散發汗水味的貧困移民者；雖然是當地住民，但因為舌頭不靈光，就連自己的名字也無法準確發音的吸毒者；以為只要是旅行者，就必定準備好隨便和別人上床，而且誤以為白人很偉大，亞洲人一定會來者不拒的「白人垃圾」（White Trash）等。

對他們而言，使用第一世界語言的白人女性是遙不可及的生物。就憑自己那點斤兩，卻暗自蔑視貧窮國家的女人，可能也以為與位居先進國家邊緣的韓國女人交往看看也不錯。我在艾菲爾鐵塔前面、里約熱內盧海邊、溫哥華市中心、紐約聯合廣場、庫斯科的夜店都見過這些男人。還有，如果我說出他們如何接近我，就連當地的女人們都會嚇得目瞪口呆。所以，如今我習慣用冷酷頂嘴的方式對待在觀光地點先向我搭話的男人。

最近一次的狀況，是在新加坡的廉價飯店，說自己來自加拿大的那個白人男子一見到我，就像是發情的公狗般緊跟著我。認識不到五分鐘，就貼在我的耳邊吹熱氣，悄聲問我今天要做什麼。我瞬間上火，警告他：「你站得離我太近，離我遠一點！」但他太快落荒而逃，導致我沒能狠狠地懲罰他，氣得我一整天什麼事也無法做。

我真好奇，韓國也有成天窩坐在景福宮前面，硬要塞一個起司漢堡給獨自前來的觀光客，然後立即提議要發生性關係的男人嗎？因為當地的女性幾乎不會將那種類型的人放在眼裡，所以我似乎也無從得知。

但是我祈禱，韓國的男性啊，千萬別那樣做。如果不是萬不得已，我又怎麼會考慮去大巴扎買一個廉價的銀戒指來戴。還有，我下定決心，下次伊斯坦堡旅行一定要結伴同行。沒錯，我至今尚未放棄這座城市。我只是希望，在下一趟旅程中，可以不受任何人的妨礙，心平氣和地參訪遺跡罷了。

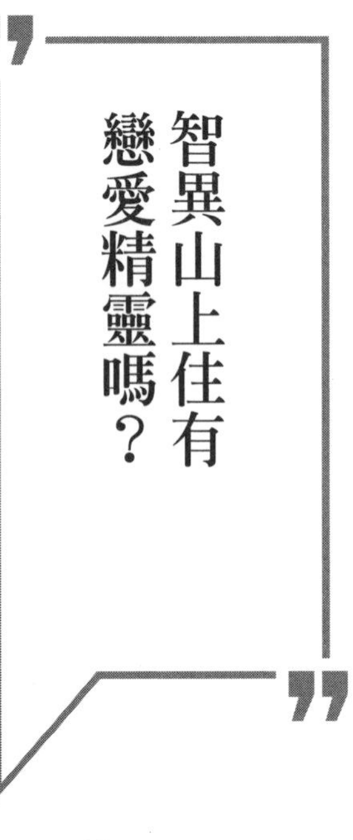

智異山上住有戀愛精靈嗎？

精靈啊，
也請賜給我
完整一人份的姻緣吧。

我去了兩次智異山，一次是在二十歲時和男友去的，類似分手之旅的玩意兒。仔細想想，年輕時真是精力過剩，什麼沒用的事情全都做過了。還有一次是在三十七歲的時候，當時感覺不管是工作或戀愛都是腹背受敵，所以跑去那兒讓頭腦冷靜一下。三十七歲也同樣是精力過剩啊。第二次出發去智異山縱走之前，當時交往沒多久的男友表情相當嚴肅，裝腔作勢地說道：

「我好擔心耶，之前也有個女人說去玩智異山回來要和我交往，結果在登山時遇見另一名男人，最後和那男人結婚了。」

我突然有種奇妙的既視感。在記憶中翻找之後，發現二十歲時也聽過相同的話！也就是說，以分手之旅為由，硬將我拉入自己的愛好，讓我在暴雨之中吃足了三天兩夜的苦頭的登山狂，也說自己的前女友和在智異山遇見的男人結婚了。難道這個女人就是那個女人？又或者智異山住了什麼配對精靈之類的嗎？若真是如此，精靈啊，也幫我配對一下吧，別給我零點五人份都不到的廢渣姻緣，賜給我完整一人份的姻緣吧，我在打包行李時如此祈求著。

總是這樣，雖然苦思了許久，但出發在即，前一天晚上嫌麻煩的心理卻如暴雨般傾瀉而下。甚至還想了一下，要不去近一點的北漢山？但我沒辦法就此打住，因為決定前往智異山最大的原因之一，就是想使用塵封許久的登山背包。

我不太買無用的物品，因為住在很小的房子裡，經常需要搬家，如果看到物品無法發揮它的作用卻霸占空間的話，就會像大腸內充滿宿便般感到消化不良，所以就連電風扇或暖氣等季節性家電也不買。在毫無準備之下前往南美旅行之後，帶著憤恨所入手的五十公升背包成了我最嚴重的宿便。三年來，背包的存在感逐日擴大。雖然也曾想過轉手賣掉，但自尊心不允許我賣掉一次也沒用過的物品，於是想起了智異山，剛好也有一雙買來之後不常穿的登山鞋。嗯……我剛說了我不買無用的物品嗎？

我不承認自己浪費的不單純動機，終究沒能戰勝嫌麻煩的心理，我選擇了最短而輕鬆的路線來取代花費四天三夜的縱走行程。雖然別人說一天就能來回，但既然行李都打包好了，所以決定到休息站過一夜再回來。我沒有買旅行用瓦斯爐和露營鍋具，而是買只要拉下繩子就會有熱氣蒸騰、自動變成熱飯的加熱式便當、紫菜飯捲和燒酒。

我在慶尚南道的山清下了公車，搭乘計程車到出入口。山清郡真的種了很多柿樹。此時我才曉得，為何整個冬季每個首爾市場都堆滿了山清甜柿的箱子。就在我如此想的時候，計程車司機突然在蜿蜒的山路上停下車。我以為他是要去一下洗手間，結果他在路邊的柿樹上摘採了五個巨大的紅柿，回到了車上。

「上山時嘗一嘗吧。」

「咦？可以隨便摘嗎？那不是有人種的柿樹嗎？」

「路邊的柿樹哪有分你的、我的？」

我用裝了紫菜飯捲的黑色塑膠袋接過了紅柿。山路非常陡峭，有些路段甚至難以站直身子。因為肚子很飽吃不下，但是擔心會壓壞它，所以無法放進背包中，而且又捨不得丟掉別人的心意，於是紅柿成了個燙手山芋。當然，還因為擔心它被壓爛而無法吃，所以得隨時停下腳步，打開塑膠袋確認。

土耳其導演努瑞・貝其・錫蘭（Nuri Bilge Ceylan）的電影《五月雲》（一九九九年）裡頭出現了類似的故事。劇中的導演為了拍攝電影，回到了鄉下老家，在那兒遇見了口袋中始終帶著一顆生雞蛋的九歲男孩。男孩的父親到城市賺錢了，代替父親扮演監護人角色的嬸嬸向可憐的小男孩約定，如果可以四十天都不打破口袋裡的雞蛋，就會買手錶給他。導演企圖教導男孩要領，先將雞蛋扔掉，然後四十天後再拿另一顆雞蛋給嬸嬸看，或者上學時將它藏在某處，但男孩斷然拒絕。

「這不是說謊嗎？」

可是最終雞蛋破掉了，而男孩基於想擁有手錶的心情而說了謊。不是能想見那惹人憐愛的男孩該有多自責感與恐懼嗎？我的紅柿也好像隨時就要炸開來了，又或者是我的耐性可能會爆發，這樣一來，對計程車司機和紅柿就很抱歉了。哎呀，我來智異山一趟，沒想到卻得道升天了呢。我心中不禁嘟囔著，而遠處有兩位中年男子現身。

「哎呀，辛苦了。」

在國家公園般大小的山中，大家都是這麼打招呼的。明明是我自己想來，有什麼好辛苦的？但總之就是這樣。

「這是往細石休息站的路嗎？」

「是的，您是一個人來吧？」

「是啊，要吃顆紅柿嗎？」

我各分給他們一顆紅柿，而他們也很感激地收下了。我打算再稍微往前走，結果一位中年女性現身。

「辛苦了，妳自己來嗎？」

「是的，您是要下山了吧？要吃顆紅柿嗎？」

又處理掉一顆了。再走一小段路，一對中年情侶出現。

「辛苦了。」

「請問……要吃顆紅柿嗎？」

就這樣，我解決掉五顆紅柿。直到此刻，我才開始好奇起紅柿的味道。我非常喜歡柿子，而它們也徹底熟透了……我內心垂涎欲滴，繼續往山上爬。

我在休息站注視著山嵐，而便當與燒酒果然相當美味，但登山路線太短了，前晚吃的烤肉好像還沒消化完畢，所以沒能感受到莫大的感動。而且在住宿處借來的棉被很潮溼，傳統的茅廁又很可怕。腦海中生動上演著腳踩滑摔進茅坑的畫面，以及後續發生的事，不過我並不想在此多加描寫。我睡睡醒醒，好不容易度過了一夜。十七年前我怎麼有辦法忍受這一切？我想不太起來了。二十歲啊，不僅是個精力充沛，而且也是個胃腸很好的年紀。

雖然智異山很壯觀，但我下定決心，往後不會有在山中過夜的事了。聽說智異山步道也很不錯，能夠當天縱走完畢的周王山也很壯麗，而周王山下方還有店鋪販售世界上最美味的米酒。在雪嶽山入口時，還曾經遇見宛如義大利登山服代言人的一群男人，同行的女人們都差點停止呼吸了；而在下方的巴士總站餐廳販賣的烤明太魚乾，根本足以登上金氏世界紀錄。在這世界上，還有不必忍受潮溼的棉被與嚇人的廁所，但仍能享受其美景的無數座山。

雖然我在閱讀比爾・布萊森（Bill Bryson）的《別跟山過不去》（A Walk In The Woods）之後，對阿帕拉契小徑產生憧憬；在觀賞瑞絲・薇斯朋（Reese Witherspoon）主演的電影《那時候，我只剩下勇敢》（Wild）之後，也對太平洋屋脊步道有所嚮往，但想到那邊的廁所大概也非常環保，所以甚至還產生了「果然還是在城市裡旅行更好」的想法。在智異山迎來清晨之前，我如此想道。

隔天清晨四點就睜開了眼睛，似乎無法再睡了，我一心只想快點回家。連忙吃完飯之後，加入了首批登山客的行列。有好一段時間什麼也看不到，只能以頭燈照著腳尖走路。走著走著，天開始亮了。遙遠的山峰上出現了紅色輪廓線，紅色的緞帶緩緩變寬，黑色布幕拉起，天穹轉成蔚藍色，黑色雲朵好整以暇地散開。視野一望無際，比起大地，高度感覺更貼近雲朵，就連隔壁的山峰都顯得縹緲。我駐足在那兒，注視著天穹與地面徹底分開，風景各自找回屬於自己的顏色，盡情吸入不摻有一丁點人工的空氣。那是個莊嚴肅穆而清新無比的早晨。為何大家要將一台媲美大砲的相機放入原本就很沉的登山背包；為何要特地跑來很難預約，而且設備又很惡劣的休息站；為何中國的富豪要花錢買森林的空氣，這幾個疑惑似乎茅塞頓開。

絢爛的日出秀結束之後，我環顧四周，發現先前我緊跟著的行列已經消失得無影無蹤。此時此刻，我獨自走著。又經過了一個休息站之後，出現了陡峭的岩石路。下山比上山的人更多，他們不說「辛苦了」，而是用其他話來打招呼。

「哎呀，這麼快就下山啦？」

「動作真快呢。」

「真了不起。」

我感到一頭霧水。難道我看起來像是很了不得的登山客嗎？這是五十公升登山背包的威力嗎？還是我像是去露營四天三夜才下山的人？我帶著滿腦子的疑問，持續隻身孤單地下山，踩著會讓腳底板刺痛的岩石一路下行，最後遇見了溪谷旁的羊腸小徑；感覺盡頭已經接近了。就在此時，遇見了一群雖然身穿全套登山裝備，但看起來對登山並不熟稔的中年男女。我不由得心想，是不是哪個村子的人盡孝道，送自己的父母來這兒觀光？

其中有個人問道：

「距離天王峰還有多遠呢？」

「咦？我……我沒去到那裡呢。」

在此又消除了心中的幾個疑問。打從在山莊緊跟的那些人為何要特地在那兒過夜，一大早就起床，並且瞬間就消失得無影無蹤；為什麼上山的人都讚嘆我的速度，還有我究竟有多愚蠢。我甚至對不知身在何處的神明心懷感謝；就連在智異山頂端都無法找到主峰天王峰的路癡，竟能在這世界上活得好好的，這是何等的幸運啊？

此時，我才想起前一晚淺眠時所做的夢。有一位白鬍子長到膝蓋，拄著千年原木枴杖，宛如甘道夫的老人向我問道：

「遇見配對精靈與活著下山之中，妳要選哪一個？」

「哎喲，山神大人，哪有比性命更貴重的姻緣呢？」

當然是胡扯的。

我平安無事地回到了首爾，並且暗自下定決心，下回一定要登上天王峰。不管怎麼說，配對精靈似乎就住在那兒。

偶爾，一起也不錯

看來換了同伴，所見所聞似乎也會跟著不同。

過去我曾因為工作而獨自前往慶州，而慶州恰恰是個沒有美食的地方。鮑石亭遇見的文化觀光解說員說：「新羅的最後一個王——敬順王投降於高麗時，廚師都被帶到開城，從此新羅的料理斷了血脈。」明明也沒有人詢問，但她卻彷彿極為悲痛般如此訴說，很顯然至今仍很厭惡甄萱與王建。她令我想起了《哈哈哈》（二〇一〇年）裡頭文素利所飾演的文化觀光解說員。後來我找資料來看，發現實際上《三國遺事》中有著敬順王離開錦城（慶州）前往松岳（開城）時，文武百官相隨，其行列超過三十哩的紀錄。那是西元九百三十五年的事，真不曉得究竟在那之後，有超過千年的時間慶州人都是吃什麼過活。

每次到慶州時都帶著相同遺憾的我，這次則是為了吃MOLI麵*前往九龍浦。九龍浦的MOLI麵是放入當天捕捉到的許多海鮮後所熬煮的香辣湯麵，我和朋友們旅行時初次品嘗，後來在首爾也經常想起它的滋味。

從慶州到九龍浦，大抵是先搭乘客運到浦項之後，再從那兒轉搭公車。但是浦項客運站附近我已經摸遍了，而且我非常清楚從那兒到九龍浦需要耗費很長的時間，所以對這條路線並不滿意。我決定開創一條僅靠公車就能抵達九龍浦，任何一個手機地圖軟體都不曉得的新路線，結果卻是走錯一步，全盤皆輸。我總共換了四次公車，換第三次時因為有一個小時的空檔，結果我走入站牌前的教會，像個街友般倒在長椅上睡了一覺。

就這樣經過三、四個小時，來到麵店的我，很想如同一名抵達南極點的探險隊員般，在店鋪前插下旗幟，拍下紀念照。但那家店很苛薄無情，怎樣也不肯賣一人份，於是我帶著絕望的心情大喊：

「那我要點兩人份。」

這是代表我會全吃完的意思，但麵店老闆的反應極為不悅，大概以為我打算先點了再說。

「啊，不賣，出去。」

主人像是對待胡作非為的酒醉者或叫化子般大發雷霆並加以威脅，彷彿打算在我背上撒上鹽巴去霉運似的。這世界上沒有比別人拿食物來折磨自己更令人委屈的了，我雙手抱住飢腸轆轆的肚子，在市場飄蕩來去，在一家平凡無奇的麵店用了餐。最後，我帶著淒涼的心情離開九龍浦並下定決心，以後一定要替單身旅行者打造吃飯快閃的手機軟體，也就是舉辦讓大家拿著會費參加，在旅遊地點的美食餐廳點上一桌豐盛菜餚，吃完飯後就解散的聚會。即便是一個人，我也想吃統營的海鮮大餐、全州的韓定食或有滿滿小菜的生魚片拼盤啊，但就像我的大部分點子，這件事果然也沒能實現，後來，我看到有類似的手機軟體上市，最後卻一敗塗地，不禁拍了拍胸脯，心想好險沒做這件事。總而言之，那一天我非常懷念過去和我一起享用MOLI麵，並在敵產家屋*街散步的朋友們。

*MOLI麵：九龍浦當地美食，內有紅蛤、蝦、豆芽菜、蔥等食材，裡面的魚是抹上辣椒醬後烘烤製成，並加入手工製的厚實麵條。

*敵產家屋：意指一九四五年八月十五日，日本敗亡並從韓半島撤退之際，日本人所留下的住家或建物。

不管怎麼說，到小城市呼吸一下新鮮空氣、享用美食的旅行，似乎還是和朋友們同行比較有趣。比起兩人同行，如果有三人以上，而且其中又有無法喝酒、喜歡開車的人，那就更完美了。有一段時間恰好具備了這樣的條件，因此我得以走遍全國八道。我們有許多的共同點，所以大部分狀況都能迅速下結論，彼此都很開心。此外，我們也有些微的差異，所以會前往一個人不會去的地方，做自己不會做的事，體會到新的樂趣。但是隨著歲月流逝，因為成員們結婚、去了國外、工作變得忙碌，或者關係變差了，於是我又成了獨自一人。所以，當我最近久違地和前輩、後輩三人到濟州旅行時，打從一開始便有種飄飄然的感覺。

我們在機場附近租了車子，前輩在漢拏山山麓的幽靜道路上駕駛到一半，突然停下車子。

「妳要開看看嗎？」

前輩向擁有十年駕照卻從未上路的我提議，結果我一路抖個不停，用時速二十公里駕駛，感覺一分鐘就像十分鐘那麼長。對於宛如F1選手般駕駛的前輩來說，一定感覺更為漫長吧。就這樣開了二十分鐘左右，我好不容易才鼓起勇氣，踩下油門，將速度提高到四十公里。

「還能繼續開嗎？」

如果換作是我們甫認識、二十幾歲的時候，前輩一定如機關槍般連飆髒話，但在生兒育女後培養出耐性的前輩，以沉穩的嗓音拐著彎如此詢問。

「不……不然就到這兒？」

「停在前面吧，休息一下再走。」

我將車子停在緊急出口，為了換座位而下了車，此時前輩突然一臉焦急地東張西望，然後大喊道：

「欸欸，把那個撿起來！」

緊急出口與通往旁邊樹林的懸崖之間放著某人被風吹走的鈔票——四張五萬圓及三張一萬圓（韓幣匯率約1：36）。那是一條人煙稀少的路，就算有人回來找，到時也已經飛進樹林了吧？我們拿著這筆錢，在三天兩夜的旅程中大啖美食，買了可能不會花自己錢去買的紀念品，為活絡地區經濟做出了貢獻。

「如果不是我叫妳開車、沒有叫妳停在那邊、沒有查看腳下的話，我們會發這筆橫財嗎？如果好好聽前輩的話，就是睡覺時也會有好運掉下來，知道了嗎？」

說得一點也沒錯，因為我不是會查看周遭的人，所以絕對不會發生在路上撿到錢的事情；看來換了同伴，所見所聞似乎也會跟著不同。因此偶爾，比起一個人，我更喜歡三人、四人或五人旅行，如此便能光明正大地去任何餐廳，也能撿到掉在路上的錢。在那之後，我成了更懂得感謝旅伴、懂得忍耐的人。如果在漢拏山丟錢的主人看到這篇文章，多虧了您，世界上某個人的性格有了價值二十三萬圓的改變（約台幣六千三百元），希望這件事能帶給您安慰。

畢竟仍是首爾

其實重要的，並非「這裡」或是「哪裡」，而在於「離開」這個行為本身。

我和朋友一起去算命。算命仙說我四柱中充滿了驛馬煞*，而喜愛旅行、將離開韓國視為心願的朋友也問自己如何，然後聽到算命仙說：「如果妳的驛馬是兩匹的話，她就有四匹。」之後，朋友感到很失望。從某些角度來看，卜卦結果說得很準，但從別的角度來看又不太準。朋友在幾年後和韓國籍的法國人結婚，定居在比利時，有空就會到歐洲各地旅行，而我至今仍住在景福宮西邊的西村。旅行嘛，就我的標準來看，不算是跑得很頻繁，只是有時隱約地會想：「難道這就是驛馬煞

*驛馬煞：隨時奔波、四處漂泊的厄運。

嗎？」

我無法忍受生活沒有流動、一成不變的感覺。雖然別人覺得每隔兩年搬家一次是件苦差事，但我如果在同一個房子裡住一年以上，就會因為想搬家而變得焦躁，所以在兩年的契約中，剩下的那一年我會傾注心血來為搬家做準備。如果狀況不允許的話，至少也會到別處住一陣子再回來，就算不是在國外也無妨，只要是能按我的想法布置、能讓我遊手好閒的空間就行了。我也曾有過這種幻想，既然如此，不然將行李減至最少，輪流在每個城市住一個月怎麼樣？這是個最容易餓死街頭的心願了。其次想到的，是在小城市買房子。接著，正如同人生的許多事情般，在消息傳出去之後，願望以不完整的方式實現了——我結交到在濟州島有空房子的朋友。

近幾年來，我總是在西村與濟州兩地往返。因為不會開車，所以到了濟州也無事可做，只能像在首爾時一樣賴床、打掃、做飯吃、閱讀、看電視、用電腦做點工作、睡覺。到了夏天，就戴著游泳圈在家門前的海面上漂浮一整天，或是拔菜園裡的草。那邊的風景與空氣截然不同，光憑這些就能轉換心情，但是一回到首爾後，依然會想：「果然還是首爾好啊。」賴床、打掃、做飯吃、閱讀、看電視、工作、睡覺，做的事情一模一樣，但偶爾會見見人們、去咖啡廳、酒館、劇場、參觀藝廊和逛街。就在反覆這些事情的同時，我領悟到一項重要的事實——雖然我們總說，是因為討厭這裡，或者喜歡某個地方才想離開，但其實重要的，並非「這裡」或是「哪裡」，而在於「離開」這個行為本身。接受這件事之後，於是我看見了首爾作為人生基地所擁有的魅力。

在這之間，搬到濟州、統營、國外的朋友們接二連三地決定回到首爾。

在我深自反省之後，我回來了。

有一家我經常造訪的酒館，在時隔數個月後，老闆A傳訊息給我。七年前初次相識時，他的夢想是移民到馬來西亞的亞庇，開一家附設小酒吧的民宿，可是每次一存到錢，他就跑到東南亞旅行，最後慢慢地感到厭倦；三年後，他冷不防地宣告說要去濟州島。每次踏入酒館時，他不曉得給我看了幾年在濟州朝天或咸德看到的新店家照片，如果當時買了其中一個店面，他就能以差價成為暴發戶了。但在濟州島驟變之後，他找到更為清幽閒適的地方，忽然跑去了統營。我本來還興致勃勃地，想看在首爾以不親切聞名、惡名昭彰的他是否能在排外的他地結交到朋友，想著要找機會過去看看，沒想到「機會」始終沒有到來。

有別於說「深自反省」的訊息，在首爾再次相見的A依然孤僻，言語中穿插偏激的用詞，吐露出移居小城市的困難。簡單來講，就是他已經懶得去阻止附近的大叔在光顧的同時管東管西、為所欲為，覺得連一個小零件都必須在首爾採購很不便，當地人無法溝通，觀光客又愛斤斤計較，做起生意一點樂趣也沒有，社區氣氛完全商業化，反倒是有條有理的首爾令人感到溫馨舒適。

還有另外一位朋友B，在將首爾的生活做個整理之後去了濟州，結果一年內就回來了。B說年老體衰之後要回歸鄉村，在濟州島事先買下的廣闊田野成了商業黃金地段，賺了一大筆錢，到這邊都很美好。雖然因為濟州島是個島嶼，物價貴到不行，濟州產的比目魚比紐約的韓國城還昂貴，這點B也試著去諒解，但是實際要到那兒生活，開始施工了之後，煩人的壓力卻接踵而來。因為整個濟州島都在施工，光是要叫一台水泥車也要私底下塞紅包；施工出入時會行經別人的土地，而主人要求巨額的過路費；尋找人手非常困難，就連早晚還得接送近花甲之年的鄰居爺爺上下工。同年，某電影節新人獎入圍的導演曾以「我在濟州島建房子，但因為不曉得水泥車的時間表，不確定是否能參加」為由，讓工作人員著實著急了好幾週，難道濟州島的水泥車比電影節獎座更為珍貴嗎？

B的另外一個問題，是終生都住在首爾與紐約等大城市，害怕哺乳類和魚貝類以外的生物。就連蜈蚣必定會成雙成對行動的事實，我也是通過B才曉得。最後在庭院出現蛇之後，B在不得已的情況之下，邀請了看起來很會抓獵物的街貓上門，但街貓也只有在早晚時上門，享用完人類替牠準備好的飯菜之後就拍拍屁股走人了，並沒有幫忙捕捉蜈蚣和蛇。最後附近的昆蟲們鳩占鵲巢，同居的生命體逐日增加，問題變得更加嚴重，但就算晚上覺得害怕，也沒有朋友可找。

日本的歸農療癒電影《小森林》（二〇一五年）中，出現了從頭到尾都在務農、做飯的主角，在下雨的夜晚突然打了通電話，結果附近的帥氣青年騎著自行車奔馳而來的畫面。好歹也要碰到這種情況，才會感覺到鄉下生活的愜意嘛，但B身邊卻沒有這樣的人。附近的居民平均都在六十歲左右，年輕的波西米亞移居者高傲且排他，而以高爾夫俱樂部為中心的富裕提前退休者或教育移居者社群不僅不適合自己，還又是個不倫氾濫的地方。於是受到各種孤立的他，在回到首爾的同時，說自己「做了反省」。

另一個例子是夫妻同行，原本以為有伴比較好，可是他們最後仍沒能戰勝濟州潮溼的天氣。這是一個夏季只要打開一包扁平的海苔，在還沒用餐完畢之前，就會變得潮溼而軟爛的地方，如果體質不適的話就很難忍受。尤其太太說，起初覺得身體萎縮了，後來慢慢地各處開始痠痛，最後身體就像樹枝一般乾枯了。所以後來他們搬到了忠清道的鄉下，但他們想要的是一個大自然與文化並存的地方，因此完全的鄉下生活令他們感到枯燥乏味、難以忍受。最終他們還是回到了首爾，在散發與鄉下相似氣味的鐘路老舊社區定居下來。幾年前回到鬱陵島老家、和當地男人結婚的一位朋友說：「看到走下碼頭的人們手中提著甜甜圈的盒子，我不禁流下了眼淚。」相較之下，彼此臭味相投，即時返回京城的這對夫婦算是很幸運的了。

還有些朋友將離開韓國視為終生夢想，並在結婚的同時實現了心願。有時看到他們傳訊息大聊特聊時，就好像觀賞在冰河中甦醒的龍，為了使冰塊融化而猛力噴火的樣子。內容主要是關於在網路上看到故國政勢後，感到有多沉痛與羞愧，而每隔幾天他們就會說：「啊啊，好懷念這樣聊天！好想回韓國。」最後有位將移民視為終生夢想的朋友，在六個月內就開始認真考慮要回國。

我們所有人都想離開去某個地方，就算是置身天堂也相同，更何況是首爾。逼得人跳樓的購屋困難、交通壅塞、空氣汙染、惡劣的勞動環境、高人口密度，還有彷彿一停下來就會落後、令人窒息的氣氛；就連幼兒園小朋友彼此見面也會先確認彼此公寓坪數的膚淺教育環境……這一切都令人不禁感到，這輩子到底出了什麼差錯？明明說自己怎麼樣也不會跑到那種地方去，把自己當成系統的消耗品運轉，拚命硬撐的我，在看到位於那青綠草原上如詩如畫的住家，以及一邊烘烤麵包、靠著針織過活的人，心臟仍不禁怦怦怦跳著。因此，最近電視上還播了每年濟州島人口增加兩萬名的報導。然而，只是去參觀、稍作逗留和實際在那兒生活有著截然不同的差異；就像是分手後才懂得其珍貴的戀人般，首爾也具有一種離開之後才顯現的魅力。

只要想到這是我的人生、我的基地，就會覺得處處都是缺點。可即便是如此，卻又不能就此放棄；它就這麼成了我的土壤。舉例來說，即便面臨首爾逼得人跳樓的購屋困難、交通壅塞、空氣汙染等，我至今仍住在首爾的原因，正是因為沒有都市能夠如它一般，同時提供相對應的文化設施、造型美感、多元的夜生活、親近的語言與一大票豪爽的酒友。

同樣地，我也有一群即便忍受各種煎熬，但到了濟州島、忠清道、釜山、柏林和倫敦之後卻過得更幸福的朋友們。正如同在鹽田綻放的岩生植物或喜歡沙漠的仙人掌般，各自都有屬於自己的土壤。這是我這幾年的感覺，我就好像一換季就會回到首爾，如同小候鳥般的動物。在遇見自己的丈夫之前，朋友老是說，想找能夠一起旅行或不會妨礙自己旅行的男人。當時我還深感詫異，這種事怎能成為挑男人的標準？但在我領悟到我是一隻候鳥的事實之後，不禁心想：那位朋友可真聰明啊！

Part 4

獨自玩樂

孤獨的夜晚，Play List

我的嗜好呢，就是收集嗜好

只要擁有一個空間，
讓我們能逃離非做不可的事，
我們必須承受的人生之重，
就能變得輕盈一些。

許久前，我曾在訪問一位重量級演員時，請教他在數十年做相同的事卻從不感到厭倦的祕訣。因為當時我對工作感到倦怠，而且又全身痠痛，所以想藉由訪談來做一下諮商。假使我得到的是「偉大的天命」這種嚴肅卻又普遍的回答，那麼我打算嘟囔說，那像我這種尚未發現天職的人該如何是好，不過他卻說了出人意表的話來。

「我有很多嗜好。」

「咦？」

「意思是說，當我覺得疲累的時候，有很多休憩的方法。除了這個之外，我還可以做什麼事嗎？然後，我做著其他的事情，覺得恢復力氣了，就會重回崗位。我會去釣魚、登山，也會在住家旁種菜。」

這並不是承襲一貫「去做就對了」的思想，一位大韓民國的六十多歲男性口中會說出的答案，但這番話確實很有道理。只要擁有一個空間，讓我們能逃離非做不可的事，擁有一項無關乎義務但能全心投入的事情，我們必須承受的人生之重，就能變得輕盈一些。所以我很喜歡願意在不賺錢的事物上投注時間精力的人。他們是一群熱愛人生，懂得打點自己的人。與他們截然相反的，則是那些將給自己飯吃的公司當成全宇宙、悲壯到無以復加的類型。說真的，我很難忍受他們。只要與他們對話，世界就彷彿蜷縮成一副棺材，壓得我喘不過氣。

我也有許多項嗜好。有人曾如此對我說：

「就算是獨處，妳也不會感到無聊。」

豈止是不會感到無聊，因為一個人能做的好玩事太多了，反而讓我感到很為難。我究竟有多為難呢？只要想嘗試一下這個，就會覺得那個看起來很有趣。打算做一下那個，又會深受其他事物吸引，所以我沒有一項嗜好鑽研得很透徹。光是說要攝影，買了專業相機之後又脫手的戲碼，就不知道上演了多少次。油畫就只畫了三幅，送給朋友們當禮物之後就停止了。有一段時間，只要有空暇，我就會去騎自行車、慢跑或到森林散步，但聽到訓練肺活量的活動不適合我的體質之後也中斷了。吉他只好不容易掌握了C和弦與D和弦，室內菜園打造了五、六次就罷手了。我還收集過《灌籃高手》全集、李小龍公仔、周星馳全盛時期的錄影帶、裝有沉甸甸的賭場籌碼的卡牌遊戲組等傑斗族*（Kidult）的玩意兒。但是，就在閱讀完佐佐木典士的《我決定簡單的生活》與多明妮克・洛羅（Dominique Loreau）的《理想的簡單生活》之後，我在大半夜爬起來，拍照上傳到二手網站，將它們全部賣掉了。除此之外，還包括了製作水果酵素、打造家具、陶藝、製作芳香蠟燭、烏克麗麗、手寫字等擦身而過的嗜好，多到令我無地自容。

幸好我也有長期下來也從不厭倦的嗜好，那就是針線活與編織。因為我不是細心謹慎又居家的類型，所以身邊的友人都無法置信，但我真的喜歡做針線活和編織。在編織的時候，我只會留下理解電視劇或閒聊的心思，剩下的腦袋會停止運作。無暇去感受什麼情緒。我的手上進行著有節奏卻機械式的動作。在輕微的勞動，中間配合音樂輕輕打節拍的動作之中會產生一種喜悅。這是一項值得向全世界有憤怒調節障礙的男女推薦的活動。

有一陣子，當我在公司感到氣憤難平時，我會跑到休息室去織圍巾，而同事們稱之為「憤怒圍巾」。我對憤怒圍巾的情感之深切，有一次不小心弄丟在計程車上，我打電話到信用卡公司，打聽到計程車公司的電話，經過三番兩次的追查，終於找到了司機。從車庫到江南，我花了八百多元計程車費，最後找回了圍巾，但毛線的錢根本才不到三百元。後來，我好像又織了五條憤怒圍巾。我分送給別人之後，如今一條也不剩。實際上，因為我很討厭脖子悶的感覺，所以即使是冬天也不會圍圍巾。

對於編織的熱愛，後來演變為「來做點更有用處的東西吧」，但在挑戰毛衣失敗之後就逐漸冷卻了。果然用處會搞砸嗜好。其實，編織是個非常需要理解立體空間、精密數理計算的建築行為。而以憤怒為動力，能夠機械式地編織的，就只限於平面的圍巾，超過了限度，大腦就會過度負荷。

最近有壓力時，我主要會做針線活。結束幾天的辛苦勞動後，想獎勵自己時；想整理思緒時；不想外出或不想見人，想來點娛樂時；不想用太多腦，卻又想感受成就感時，我就會做針線活。像是製作鈕釦、枕頭、抱枕、面紙盒、桌巾、化妝包等小東西，或者縫補衣服。這對生活沒有太大幫

＊傑斗族（Kidult）：指童心未泯的大人。

助，而且花錢買會更便宜、更漂亮也更耐用。起初，其實比起「手工」的東西，在工廠精準快速印出的物品更吸引我。總之，那也不會怎樣，只要過程令人享受就夠了。

二〇一六年，濟州的阿拉里奧藝廊舉辦了《失戀博物館》的展覽。一對克羅埃西亞的藝術家同居情侶，在面臨分手之際，苦惱著該如何處理共用的物品，最後準備一間小貨櫃屋，賦予了博物館的名稱。此外，他們也收集世界各地的分手故事，接受意義深遠的捐贈物品，發展成一件藝術案。其中最令人印象深刻的物品，是肩線沒對齊、多處歪掉或皺在一起，滿目瘡痍的一件毛衣。這件乍看之下像是比利時品牌Maison Margiela前衛系列的衣服，是某位美國女性和男友分手後，在憤憤不平之下編織而成的。我在四下無人的藝廊噗哧笑了出來，想起了因心煩意亂而無法入眠的夜晚，我踢開棉被起身，宛如氣喘患者尋找呼吸器般作畫、彈吉他、編織的自己。想到在那個瞬間，地球的某處也有其他女人做著相同的舉動，頓時獲得了慰藉。我覺得那名不知長相的毛衣主人非常可愛。很想對她說句話。

過得好嗎？我懂妳的心情，我懂。

記憶書的方法

比起書本，
我似乎更喜歡愛書人。

當我說起職業是寫作時，經常會聽到這種反應。

「啊，難怪看起來就像如此。」

雖然大學時曾經幫忙經濟系的教授打論文，但當時教授曾說出這樣的話來。

「妳長得一副很喜歡書的樣子。但是，妳別跟喜歡書本的男人交往，會很辛苦。」

我不是很清楚，什麼叫做長得像喜歡書本或寫作的臉蛋。暗自心想，這是不是代表著，我將自己的畏首畏尾、懶惰、內向的氣質，成功地偽裝成了內斂慎重。

形象雖是如此，但我和書本其實並不十分親密。因為我的集中力不足，眼睛看著文字琢磨時，腦袋經常想著別的事情。我也不相信讀書或旅行會使一個人變得成熟穩重。就算讀百卷書、去旅行回來，愚蠢自私的人依舊是愚蠢自私。儘管如此，既然身為活字時代的人，比起看電視、玩遊戲、喝酒，閱讀時似乎比較不會感覺是在浪費人生。這是我閱讀的唯一原因。

收集書這件事就更令人懷疑了。我並不喜歡書的物理性質。書本占據了太多空間，它們是套房居住者的敵人，搬家的敵人。如果躺在沙發上看書，手臂很快就會發麻；如果放在桌面上閱讀，書頁就會不受控地隨意翻頁；如果放在看書架上，就會很懶得翻頁。褪色、累積灰塵、被蠹蟲蛀蝕的書本也有害呼吸器官。

在很少有專注時間的短暫旅程中，我也會盡可能選擇幽默的短篇小說或散文集；羅爾德・達爾（Roald Dahl）與瑞蒙・卡佛（Raymond Carver）的小說、比爾・布萊森（Bill Bryson）與安東尼・波登（Anthony Bourdain）的散文是我的首選。有一次出差，我帶了基於輕巧而不知何時塞滿書桌的文庫版毛姆短篇小說。起飛之前，禁止使用電子產品的指示燈亮起，我取出了書本。然後，我做出了開始閱讀時的習慣性動作。一手把書捲起來，接著有如播放影片般快速從第一頁翻到最後一頁。結果，我差點就要因為持有非法化學武器而遭到逮捕。書本內滿滿的灰塵，猶如蘑菇雲般一團一團地往上飛，而我那將灰塵徹底吸進去的呼吸道也無法正常運作。在飛行的期間，我不僅眼淚、鼻涕雙管齊下，不停地打噴嚏，在廁所裡進進出出，清洗了一次次的鼻子。就是因為這樣，我才會討厭書本的。

引發問題的殘破毛姆小說現在跑到了姊姊家。雖然我擁有很多書，但姊姊的習慣是堅持收藏一整套。姊姊去蜜月旅行時，我裝滿了一噸卡車的書，替她裝飾了書房。回家之後，看到空蕩蕩的書桌，心情不禁輕鬆許多。

就這樣，我一下子告別了學生時期深愛的作家們。米蘭・昆德拉、村上春樹、馬奎斯、羅曼・加里、保羅・奧斯特、大江健三郎、約翰・勒卡雷、金承鈺和武俠大師金庸就這麼離去了。「反正如今也無法再擁有好看的書架了。」我帶著自暴自棄的心情，對於收藏書本又更少了興致。

最近，我會盡可能閱讀電子書。對於旅程漫長、經常搬家的人而言，電子書不是選擇，而是必需品。在峇里島一邊過著近乎流浪無產階級（lumpen）的生活，一邊寫書的我，最近電子書櫃裡有艾倫・狄波頓、金彥洙、鄭梨賢、韓江、黃廷恩的小說；金薰、鄭民、金賢鎮的評論集；芭芭拉・埃倫里奇、雷貝嘉・索尼特、羅斯・蓋，以及為了了解世界何以如此滿目瘡痍，購買的幾本宗教哲學書。

面對這樣的處境，所以閱讀完紙本書之後，我都會盡可能處理掉。不過，等到我回過神來，又會發現書桌堆滿了東西。如果不及時整理書本，又會衍生其他問題。因為我的記憶力太差，會混淆這究竟是已經讀過，或者還沒閱讀的書。我帶著「嗯，這個應該很有趣」的想法翻開，結果讀到一半，過去閱讀的記憶隱約地浮現。因為深知寫書、出版與賣書有多麼辛苦，所以對於已經完成的書，我至少還抱持著一份敬意。儘管如此，有些書卻令我感到「浪費了我人生中珍貴的幾個小時」，如果在相同的書本上耗費兩次、三次的時間，就會感到怒火中燒——是對自己的愚蠢感到憤怒。對此，我所研究出來的解決之道，是在讀過的書本上貼上貼紙。之所以想出這種點子，大概也多少與我為電影評分的工作有關。

貼紙的顏色分成三種。黃色是立即處理，如果有人想要就送給對方，但並不主動推薦。好比說，過去我就將過期雜誌與旅遊書系列打包給撿廢紙的奶奶。到香港旅行之前，我掃視了一下書桌，發現不知打哪來的旅遊書上有澳門篇。在同一本書裡，空洞的資訊就重複了三、四次。製作過程顯而易見。旅遊作家以為拿別人的錢去旅行是一頓天底下白吃的午餐，沒想清楚就決定挑戰，之後一再拖延交稿時間，將網路上拼湊的二十張資料丟給出版社，然後就人間蒸發了。編輯揪著自己的頭髮，將資料吹噓到三、四倍之多，湊足了分量。而出版社的老闆也心想，反正這本書不會賣，所以也不願多花照片費用和校對審訂的費用。想像起這可悲的過程，最後我將整個系列都拿去當廢紙回收了。

貼藍色圓點的書本是送禮用。大部分的書都屬於這類。貼紅色的書是收藏用。因為好奇後續發展而難以成眠，可是又令人惋惜頁數逐漸減少的書；讓人體會到讀書的快樂，一闔上書本，就想要拿起下一本的書。這類的書呢，就算多讀幾遍也不厭倦。一旦碰上了這種書，我會訂購作者的全部作品，或者在搜尋同類書籍之前，跑到書桌前，撕起紅色貼紙，貼在書背上，接著帶著心滿意足的臉孔，替它尋找棲身之地。這其中包括了《銀河便車指南》《希臘左巴》、丁柚井與朴珉圭的長篇、金愛蘭的短篇，以及幾本宮部美幸的作品。

關係親密到會到我家來玩的客人都是書蟲，有許多是我這種懶惰讀者根本無法比較的大量嗜讀者。就像是喜歡酒席勝過酒本身的人，我似乎也喜歡愛書人勝過書本身。仔細一想，他們也都是「長得一副喜歡書」的面孔。他們會出自本能地掃視書桌，試圖想掌握我的喜好。當我將貼紙的含義告訴他們，通常會得到這種回答。

「這點子很棒耶！我也有很多不記得是否讀過的書。就算想要做一次大掃除，也完全沒有頭緒，不知該從何著手。」

我雖然會要他們從貼藍點貼紙的書中挑選想要的書，但在我手上的書，很少是他們沒有的。比起藍點書，他們對紅點書更感興趣。

「啊，我也喜歡這個。」

「妳說這很有趣吧？我也要來讀讀看。」

「如果妳喜歡那位作家，下次可以讀讀某某書。」

這些親暱的話語令人感到開心。表現對某人的好感時，哪裡有比對他的喜好感興趣更加明確的呢？此外，還有人向我借紅點書，但這我就不開心了。因為借走之後，幾乎沒有歸還的。我也有幾本向別人借來，但沒有歸還的書。現在想到的書，包括了夏目漱石的《我是貓》、艾利斯・彼得斯（Ellis Peters）追憶小說集《過去的毒藥》（Past Poisons）、詩人金昭延《Si-Ot*的世界》等，都是很精采的書。但是，如果要以書為藉口碰面，通常不是和借書的人許久沒聯絡，不然就是見面之後又為了其他事情忙到忘記，所以才遲遲沒有歸還的樣子。每回看到那些書，就會不禁心生虧欠。果然書不是拿來借人，而是拿來送人的物品。

再說一個關於我書桌的祕密。在客廳擺得密密麻麻的書，全是我偷懶的證據。往好的方面看，雖然家中沒有一本書是我的夢想，但閱讀的速度追趕不上書本膨脹的速度，所以那些東西才會至今還放在家裡。碰到無所事事的夜晚時，我會宛如一名開學在即的小學生般掀開日記本，帶著沉重的心情挑出一本。儘管如此，我仍希望那會是一本能收藏久一點的紅點書，而不是需要立即處理掉的黃點書。看來啊，我那過無書生活的夢想，似乎暫時仍無法實現。

＊Si-Ot：韓文子音之一，形似「人」。

大人的學習筆記

帶著孤寂相遇，又能長久逗留的知識之房。

一九九四年，比爾・蓋茲以三千零八十萬美金買下了達文西的三十六張筆記。就算生了子女，也沒有一棟首爾的房子能夠繼承給孩子的我，下定決心要打造留給後代子孫的筆記。那是超過三百六十頁、材質硬挺的線圈素描簿（我孫子的孫子的孫子將會有多富有呀！）可是，因為想不出要寫什麼內容，所以我做了這輩子從未做過的事——開始寫讀書筆記。正好，書桌上有一本購入六年左右，翻開的伊斯蘭歷史書籍。雖然我至今尚未一次讀完十頁以上，但它和我以「非裝飾性現代知識分子風格」（和貧窮的人文學院研究生的房間風格差不多）為設計概念的房間非常吻合，所以我總是將它放在伸手可及之處，望眼欲穿地盯著它。那天晚上，我學習到許多關於伊斯蘭教創始者穆罕默德與早期哈里發的知識。

畢業之後，我堅持將成績或求職等期待獲得獎勵的學習，以及單純追求知識成長的閱讀劃分開來。我以為積極且迫切地畫線、做筆記、找注釋是適合學生的閱讀方式，而所謂閒暇時的讀書，這種屬於時間充裕的大人的特權，我並不希望受到填鴨死記的讀書法所妨礙。學習筆記僅是老師要求之下所養成的習慣，我覺得自己單憑快速閱讀也能征服所有的書，這份知識能力的自信也是其中一個原因。而這怠惰又狂妄的偏見之所以被打破，當然不是因為比爾・蓋茲與達文西。

幾年前，一起工作的攝影師，說自己會在閒暇時上圖書館學習英文。聽到這番話之後，我感到些微的混亂。

「不是在練習會話，而是在圖書館獨自背著單字和文法嗎？您要去留學嗎？紐約？倫敦？」

「不是，只是在圖書館唸書時，心情會很好。」

聽到人類在不懷有目的的情況下從事高層次的行為，我總是很容易受到感動。我深信，追求超越完成工作所需要的一般水準，以及實踐無償正義的態度，正是印證人類尊嚴性的做法。相同的，不是為了托福成績或留學等實用目的，而是為了知性遊戲而讀書的行為，也令人感到耳目一新與讚賞。

還有一次，在看到一位記者同事坐在江南大道商業大樓的花壇上，埋頭閱讀電影專業書籍，就像是要把內容全咀嚼吞下去一般，在同一個段落畫了五、六個圈，我也大受感動。在街燈的映照之下，那幅光景宛如林布蘭的畫作般崇高，同行的人悄聲問我：

「那是故意裝出來的嗎？」

「應該不是，我知道他本來就很喜歡閱讀。」

「很帥耶。」

「當然帥啦。」

「是啊，我也該讀點什麼。」下這樣的決心，已經是許久以前的事情。不過，我的腦袋沒有聰慧到可以承擔我對歷史、哲學、文化、藝術等知性上的虛榮。本來就因為學生時代不諳於背誦，加上經常面臨截稿死線，語感猶如木匠的指紋般被消磨殆盡之後，大腦構造變得很難吸收陌生的句子，也無法同時進行多種任務，但倒是很會胡思亂想。先暫且不說細節好了，我根本無法好好閱讀一本書，或大致掌握學者們嘔心瀝血所完成的論文與結構。因此，雖然我已經讀了十五次伊斯蘭歷史書籍的導言，但我什麼也記不起來。在第十六次必須從第一章開始的情況下，只好將它放著。這樣的書是數不勝數。

有時，我不禁會想，身處Giga LTE時代，記下閱讀內容與否有什麼重要的，反正只要搜尋一下就都能找到。但我很快地就回心轉意了。目前AlphaGo*統合學問與藝術、將分門別類的知識體驗提升至新層次的日子尚未到來，所以這種事情必須由人類自行處理。也因此，無法看完的書本重量，宛如無法償還的債務般壓著我，使我不停地掙扎。然後，今年初，在因緣際會之下，超過三百六十頁、材質硬挺的線圈素描簿映入了眼簾。

當然了，有些書翻翻就夠了，但有些書需要積極研讀。像我這種擁有極為知性的外貌（是真的！），但實際上蠢到無可救藥的人，如果想要與後代變得親暱，實在別無他法。既然腦袋簡單，就得靠四肢發達。抄寫幾個適合引用的佳句是不夠的。就在我宛如要考大學般製作筆記、親自描繪書的結構圖、做內容摘要、加上注釋、畫底線、用螢光筆上色的時候，領悟到了這點。於是，直

＊AlphaGo：二〇一四年開始，由英國倫敦Google DeepMind開發的人工智慧圍棋軟體。

到閱讀第十六次，終於可以不必每十五秒就往前翻，看我剛才究竟閱讀了什麼句子，並且順利地看完了那本書。如果你不曾像是一名在山中徘徊的夢遊症患者般，在書中迷失方向，就不需要銘記在心。但因為這之於我是個驚為天人的經驗，所以我下了個結論：就算我孫子的孫子的孫子無法賺到三千零八十萬美金，但筆記仍有持續寫下去的價值。

詩人兼英語學者的異河潤曾在隨筆《筆記狂》中留下這樣的語句。

爲了輔助逐漸衰退的記憶力，我不得不爲自己的腦髓分出一個小房間。

我與世界的知識之間，似乎也需要一個能帶著孤寂相遇，又能長久逗留的獨房。

局外人保護區

有一處地方，
重溫
慵懶而美麗的夜晚。

如果以具體的情況來描述所謂的「幸福」，在我情緒基礎上的「幸福」，大概與薄暮時分踩著拖鞋到錄影帶店的模樣最為相似。今天要做的事都做完了，肚子也感到些微飢餓，因此我開始構思能搭配影片享用的菜單。經過小洗衣店、電器行、小店鋪，抵達錄影帶店後，我會在最新發行區張望。讀著盒子上混雜驚嘆號與刪節號的情節大綱，接著老闆就會從櫃檯站起身，悄悄地過來干預。雖然她的喜好大致上與我不同，但仍多少能作為參考。我從魅力四射的演員與趣味橫生的故事中挑了幾片，放在手中。是啊，那時的電影能用手觸摸得到。

如果將我帶回家的影片播放時間加起來，總是會稍微超過我所擁有的閒暇時間。我身穿睡衣，嗑著零食，以最為放鬆舒適的姿勢觀賞它們。有時，則和某個人一起欣賞。錄影帶不像數位檔案般能夠輕易複製分享，所以人類必須自己移動。電影開始後，我們對於在所有畫面登場的一切人事物，也就是所謂的場面調度（mise-en-scène）挑三揀四。有時候，最嚴肅真摯的電影成了最令人捧腹大笑的電影；因為一味嚴肅卻毫無重點的電影，正是讓觀眾們得以爭相發揮才智的靈感寶庫。雖然電影是從按下播放鍵的那一刻開始，但最令人感到飄飄然的瞬間，卻是從踩著拖鞋走出家門開始。雖然這件事讓我感到幸福洋溢，可是只要一播放錄影帶，我就必定會在看到結局之前睡著。在情緒全然投入後伴隨而來的慵懶，令我難以抗拒。甚至姊姊還曾說出這樣的話來：

「只要一播放電影，就會入睡的妳，是怎麼成為電影記者的？」

就是說啊。總而言之，聽說有絕世美男主演，為了尋找《男人的一半還是男人》（一九九一年），我走遍了毫無文化氣息的工業城市浦項的所有錄影帶店。憑藉《愛你九週半》（一九八六年）和《第六感追緝令》（一九九二年）學習性知識。一邊看著《壞痞子》（一九八六年），一邊為「在法國，導演拍這麼無聊的電影，還能成為大家崇拜的對象」而大受感動。為了那種永遠看不到盡頭的中國武俠電視劇（好比以一敵百、擊敗日本軍隊的陳真），身為高中生的我曾經每晚拚命追劇。那些慵懶而美麗的夜晚，如今已隨著《腦筋急轉彎》（二〇一五年）的主角小彬彬一起送走的童年般，永遠埋藏於無法挽回的人生回憶中。

如今，只有鐘路的藝術電影院，能令我回想起那時候對待電影的心情。平日下午起床後，能踩著拖鞋好整以暇走到的距離內有Cinecube、Sponge House（二〇一六年閉館）和EMU Artplace。如果再加把勁，有時還可以走到鐘路三街的首爾藝術電影院或好萊塢劇場。藝術電影院的設施大致來說都很惡劣；觀眾席的傾斜度很低，所以通常前方觀眾的頭部會將原本就不大的銀幕遮住一半左右，或者音效很差。但是比較不會播放老套的電影，上門的也是比較不喧譁吵鬧的觀眾。雖然近年情況改善了一些，但要等那兒播放的電影變成數位影片上市，或在電影頻道上免費收看，仍需要一點時間。也有許多版權賣不掉，或者就算能在電視上免費收看，卻出現難以專注的狀況。

比如說，我第一次在釜山國際電影節觀賞電影《烈火焚身》（二〇一〇年）時，彷彿有一台笨重的卡車撞擊心臟般飽受衝擊，有好一段時間，除了繫念那部電影之外，什麼事也無法做。當它以

《焦黑的愛情》為名上映時，我甚至到Cinecube又看了一次。但是，如果是在電視上轉台時看到這部電影，我沒有信心能夠專注看到最後。這部電影以最充滿智慧與令人膽顫心驚的方式，描繪出盤踞於所有女性內心中的恐懼。為了不錯失與帶來人生最大情緒迴響的電影再次相遇的機會，我至少一星期會留意一次住家附近電影院的上映時間表。

在早晨醒著的日子，我主要會到多廳電影院看早場電影。因為到了凌晨仍睡不著，到了那時睡意才襲來，如果直接睡著的話，不只會毀掉一天的工作，隔天還會反覆相同的作息。這種時候，為了不感到更加疲倦或避免睡著，同時又能打發時間的地方就是多廳電影院了。聽到我這麼說，可能會有人認為這不是感動，而懷疑我是心臟病發，不過我初次在電影院看到《阿凡達》（二〇〇九年）IMAX 3D版時，曾因嘆為觀止而心臟跳個不停。「啊，我還能活著看到這種東西啊！」心滿意足的我，胸口感到一陣滾燙。後來，我又看了幾次IMAX版。《地心引力》（二〇一三年）、《瘋狂麥斯：憤怒道》（二〇一五年）、《黑暗騎士》（二〇〇八年）和《全面啟動》（二〇一〇年）都是在電影院看了兩次以上的電影，大部分從第二次開始都是早場電影。因為不知道何時會睡得不省人事，所以打算看必定會精采有趣的電影。

如果在早場電影遇見心儀的作品，我就會因為心情大好而在街上閒晃。先前的睏意一掃而空之後，我會吃個美味的東西，悠閒地散個步。接著將交情半公半私的人叫到公司前面，假借會議之名，享受一段下午茶時光。像這樣的日子，我通常都會因為疲倦而早早入睡。有一段時間，因為睡眠作息很正常，所以沒能看成早場電影。藝術電影院與早場電影院，就像是彈珠台的槓桿，使我的日常生活彈來彈去，四處滾動。

我之所以喜歡這些地方，還有另一個原因——它們是很適合懶惰的單身族獨自玩樂的場所。來藝術電影院的人，喜歡電影本身的人遠勝過來此約會的情侶。看早場電影的，多半是像我一樣，有如殭屍般獨自悄悄進來，然後又悄悄離去的人。「怎麼一個人看電影？」如果有人這麼說，大家只會一臉問號地盯著他。比起在週末晚上到充滿情侶的多廳電影院，觀看耗資千萬美金打造的電影，在這種地方欣賞電影更能予人截然不同的寧靜舒適。於我而言，所謂的電影依舊是一種「體驗」。比起坐在身旁的人，對電影本身懷有更大熱情的觀眾，他們身上散發出的枯燥卻知性的能量，能使一部電影變得更加豐盛。雖然我們都是隻身一人，卻又一同身在此處。

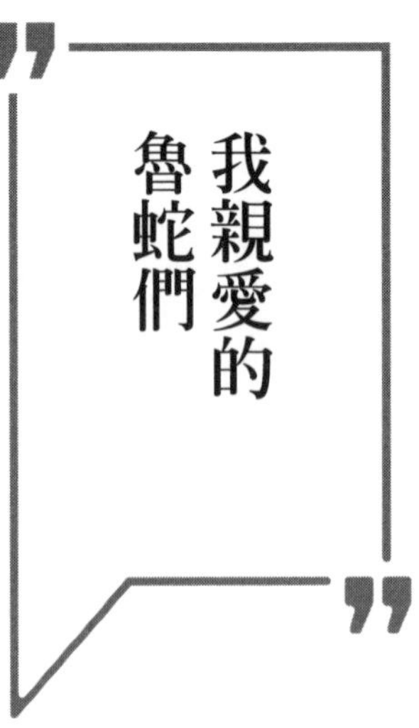

我親愛的魯蛇們

那絕對不是因為你沒出息。

「這輩子已經搞砸了。」

偶爾，我會心生這種想法。就連天下無敵的Big Bang都朝著「鏡子中的你」唱著「Loser，孤獨者，假裝強大的膽小鬼，惡劣的混混，傷痕累累的傻子，骯髒的垃圾」的歌曲，更何況是像我這種市井小民呢？大半夜爬起來，邊想著自己羞於見人的過去汙點，邊踹著棉被。我的自尊心跌到了谷底，心中浮現了「身為一個人類，這麼孤單也無妨嗎？」的疑問；而且感覺所有人都在嘲笑我，不禁對自己不算短暫卻一事無成的人生感到無地自容。想到說不定還要如此度過數十年，便不免心生厭煩，想立即咬斷自己的舌頭。儘管如此，我膽敢說一句，我們之所以沒有死去或發瘋，還能夠繼續活下去，全是拜電影所賜。

電影總是將重點放在人生曲折挫敗的人物身上。準確地來說，只要是人，都會將焦點放在曲折挫敗的部分。看到擁有大大小小缺陷的主角直接跌落深淵，可能孕育出體內的惡魔，將其釋放到世界上，或者奇蹟性地獲得治癒，又或者在適當妥協之後，成為更好一點的人；我們或哭或笑，感到恐懼，或者得到了慰藉。我所喜愛的故事，是在現實中充滿缺陷的小市民兼局外人，以原本的面貌被自己和深愛的人所接受；而他的成長，正是來自於領悟到其實自己無須刻意成長。被我這麼一寫出來之後，聽起來就像是永遠的魯蛇為自我合理化的幻想，但也別無他法。我總會因為那種人物而獲得安慰，並將他們視為一種精神安定劑，從「這輩子已經搞砸了」的絕望中逃脫出來。如果又是沒有刻意將主角戲謔化或誇張化的嚴肅電視劇，那就更棒了。

舉例來說，就像是雷恩・葛斯林（Ryan Gosling）主演的浪漫（？）電影《充氣娃娃之戀》（二〇〇七年）之類的作品。主角拉斯是一位靦腆寡言、不成熟的青年，住在已婚的兄弟隔壁，受到家人的照顧，同時也是同事對他表現好感，但他卻連回應都感到不知所措的「母胎單身*」。這樣的他陷入了愛河。他的第一位女友是名叫「碧昂卡」的充氣娃娃。拉斯真心地對待碧昂卡，享受著「普通」的約會。親朋好友雖然擔心拉斯的精神狀態，但他們大致上都很慎重地對待碧昂卡，將它視為拉斯的另一半。

導演大衛・羅素（David Russell）的天賦，在於把認真說起來算是屬於正常範圍，但是又有些瘋狂的人物描繪得維妙維肖。在以第一人的角度來訴說，由珍妮佛・勞倫斯（Jennifer Lawrence）與布萊德利・庫柏（Bradley Cooper）主演的作品《派特的幸福劇本》（二〇一二年）裡，他將心理劇的主角丟進喜劇的設定中，並觀察會有何種發展。男人在目擊妻子外遇之後，一時昏頭闖了禍，同時失去了妻子與工作，徹底成了窮光蛋。而女人在丈夫過世之後，為了遺忘孤單，和公司所有的員工發生了性行為。換作是現實生活，他們的舉動會成為醜聞，一輩子糾纏他們不放，並且毀掉每一步。電影裡也有這麼一丁點味道，但他們沒有感到挫敗或怨天尤人，而且，他們發現了彼此。

雖然諾亞・波拜克（Noah Baumbach）的主角更接近正常人一些，但這些人物似乎經常會遭人指指點點，說「他是不是有點奇怪？」《紐約哈哈哈》（二〇一二年）的主角法蘭絲（葛莉塔・潔薇飾）為了實現成為舞者的夢想，竭盡全力想在紐約撐下去，所以她做了各種卑躬屈膝的事，同時又在朋友的家中白吃白住。在《青春倒退嚕》（二〇一四年）裡，一名中年紀錄片導演用盡心思模仿年輕文青，他不僅嫉妒對方，最後還慘遭利用，在出盡洋相之後，終於接受了自己的世代已經沒落。

這些人所擁有的缺陷，絕對不是能在臉書或Instagram上自我張揚的內容。但是我們曉得，世界上這種人並不罕見。我們每天苦惱的，不是地球滅亡、第三次世界大戰、鄰居是連續殺人魔或存在論的省察，而是日常生活中微不足道的事情。電影告訴你，那絕對不是因為你沒出息，接著將些許的幻想贈送給我們。只不過，電影所用的方式，並不是有個騎著掃帚的老先生突然出現，告訴你其實你不是麻瓜，而是注定拯救魔法世界的英雄，向你提議一起冒險，抑或是被蜘蛛螫了之後，成

＊母胎單身：指出生後從未與異性交往者。

為蜘蛛人，又或者是中了獎券之類的。

電影使用的方式，反倒是當我撒嬌說著：「我孤單得快要死掉」的時候，全村的人會用他們的愛來加以附和、和像我一樣怪異，完全無法和其他人共處的人陷入愛河、獲得長久期待的工作、和家人和好等讓人坦然接受自己的情節。當我感到低潮困頓時，一個人看的都是這種電影。

是啊，世界都是這樣的，有什麼大不了的呢？

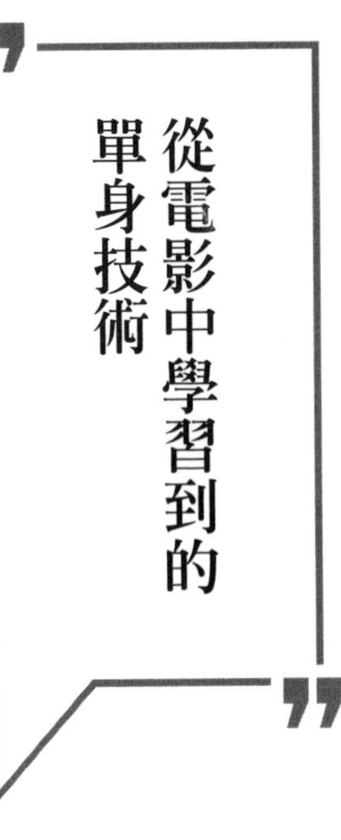

從電影中學習到的單身技術

「吉貓出租。
貓咪、貓咪，
有貓咪租給孤單的人喔。」

日本電影《吉貓出租》（二〇一二年）中，出現了具有致命魅力的主角。問題在於，那股魅力只對貓咪才行得通。在她那擁有庭院的老舊住宅中，無論鏡頭在哪個角落轉動，都有令人目不暇給的貓咪。沒有家人，職業不明的她，將貓咪們裝載在手推車上，然後走到小溪邊營業。

「吉貓出租。貓咪、貓咪，有貓咪租給孤單的人喔。」

我是在聽到前輩說「裡面的人和妳一模一樣」之後才看了這部電影。看到主角佐代子（市川實日子飾）的美貌，我不禁心想，確實是足以與我媲美啦，不管你信不信。但是，我知道實際上另有其他原因。雖然佐代子高喊：「今年一定要結婚！別再見面了！」但看來希望似乎很渺茫。因為原本她的世界就很屹立不搖與無厘頭，而且平時也沒什麼生存意志。佐代子的朋友也寥寥無幾。她躺在冷清的客廳中，被貓咪所包圍著的無言模樣，看起來極為孤單。但是，看破一切的眼神中又透露出「所謂的孤單，在某種程度上是無可避免的」。她只是懷抱著渺茫的希望，將注意力集中於細微瑣事上，並將故事說給和自己同等孤單的人們聽，每天藉由出借貓咪度過一天又一天。一言以蔽之，這部電影的情緒是「不以為意」。因為「不以為意」，所以孤單也能挺得過去；因為能挺得過去，所以不像他人一樣，掙扎著想活下來，也因此孤單才會持續。這是陷入「獨自」沼澤的人的典型模式。無所謂，反正世界上有貓咪。

導演以荻上直子《海鷗食堂》（二〇〇五年）、《眼鏡》（二〇〇七年）等描繪簡樸愜意的人生而著名。她的電影典雅而優美，溫暖卻又散發寂寥。內容與影像均是如此。其中又以刻劃主角與貓咪的共同體《吉貓出租》最為寂寥，最為美麗。這部電影的溫度和我很吻合。看著看著，我果然也變得「不以為意」。

倘若醫院能夠強制灌輸生存意志的話，那麼佐代子將足以成為影史上獨自玩樂冠軍的艾蜜莉

（奧黛莉・朵杜飾）的強敵。在電影《艾蜜莉的異想世界》（二〇〇一年）中，她的父親是名食不暇飽的忙碌醫生。父親久違的溫柔接觸，令幼小的艾蜜莉感到悸動不已；父親卻將它誤認為心臟病，所以沒送艾蜜莉上學。母親因為遊客從巴黎聖母院跳下而被壓死，唯一的朋友金魚自殺了，艾蜜莉成了孤單一人，但是她並不感到洩氣。她用水果製作耳環、吹草笛、剪紙、尋找電影的瑕疵之處、觀賞人群、將手放入糧食袋、打水漂、打碎餡餅皮等，做各種惡作劇，很勤奮地獨自玩樂。因為太過勤奮，所以看起來像是一種強迫症。於是，觀眾知道，那些惡作劇其實是艾蜜莉表達孤單的一種專屬語言。長大成人之後，艾蜜莉開始悄悄地將他人加入自己的喜好之中，像是替偶然得到的物品尋找主人、替失明的爺爺描繪風景、出謎語給暗戀的人等。

《艾蜜莉的異想世界》中出現了許多情緒上孤立的人物，他們各自沉浸於細微瑣事上，忍受著孤獨；但不知為何，彼此卻不互助。艾蜜莉則不同。雖然方法很生疏，但她一步步地走向人群。她並不隨意侵犯對方的領域，但會率先伸出手、親切待人、避免自己變得有氣無力，而這些正是擺脫孤單最有效的方法。

不管怎麼說，孤獨者的夢想就是像這個人——《非關男孩》（二〇〇二年）的威爾（休・葛蘭飾）。他繼承了父親生前作曲的聖誕頌歌的版權，不用工作也能豪奢度日。乍看之下可能看起來很沒出息，但他是個有計畫地將一天分成好幾個單位、懂得玩樂的專業獨身男。威爾最感興趣的即是女人，但他無意鍾情於一名女人身上。某一天，他為了尋找不用負責任、毫無負擔的交往對象，參加了單身父母的聚會，在那裡遇見了遭到霸凌的十二歲少年馬可斯（尼可拉斯・霍特飾）。按照一般的電影，威爾會和馬可斯的母親陷入愛河，在自由與愛情之間游移不定，差點錯過對方，而少年則使了點小聰明，讓兩人得以重逢，最後三人過著幸福快樂的生活。然而，《非關男孩》並不是普通的浪漫喜劇片。正如同英國暗諷人性的幽默大師尼克・宏比（Nick Hornby）的小說原作，電影中沒有人成為家人；但是主角們因為彼此而逐漸成長，變得比較不孤單，也能夠扶持彼此。威爾與馬可斯的犀利台詞，令我回顧起人生的各種替代方案。而對於這些並非透過血緣或制度，而是有著友情的鬆散連結、近似家人的人們，電影表達了它的支持。

電影的一開始，威爾說：「每個人都是一座島嶼。」自己的人生「不是一齣合奏的電視劇，而是只有我是固定來賓，其他來賓則來來去去的電視節目。」

「電視、CD、DVD、家庭用義式咖啡機……雖然在沒有任何一項先進物品的數百年前，人類必須互相依賴，但如今沒有此必要了，我自己就能打造專屬的小樂園。」

這是威爾的主張。但是在與馬可斯和他母親有所牽連，經歷幾場荒謬又令人會心一笑的騷動之後，他將見解做了修正。

「每個人都是一座島嶼。這個想法依舊不變，但確實有幾座島嶼在水面下相連。」

真羨慕。我也想用繼承的金錢打造樂園，縱情恣慾地玩樂；希望有個視我為父母，但因為不是親生子女，所以沒有必要照料我，甚至像尼可拉斯・霍特一樣帥氣的孩子；遇見彼此不帶私心，以朋友身分相處的異性，打造出一系列幸福的伊維薩島*。既然人生的起頭就不一樣，這輩子恐怕是無法達成了。雖然感到有些惋惜，但無所謂，覺得孤單時，我會和電影中的朋友們和假想的孤獨者締結關係，笑嘻嘻地複誦這句咒語。

不以為意。

---

*伊維薩島：歐洲人喜愛的度假勝地，夜店與酒吧林立，擁有豐富的夜生活。

什麼事也不想做的一天

早晨睡覺最為香甜，
午後睡覺有些油膩，
夜晚睡覺則是很乾澀。

電影《曲終人不散》（二〇一五年）說的是一位年事已高的女性搖滾歌手的故事。梅莉・史翠普（Meryl Streep）飾演主角芮琪，年輕時懷著雄心壯志，拋棄了家庭，最後卻淪落為晚場歌手。某天晚上，前夫彼特（凱文・克萊飾）打來了電話。他們的女兒茱麗（麥米・古默飾）面臨離婚危機，感到徬徨不已，所以希望她能夠幫忙。芮琪去見了睽違二十年的家人。

其實，我並不那麼喜歡這部電影。既然都自信滿滿地離開了，就應該凱旋歸來，好好地生活下去啊，為何變得那樣潦倒不堪？既然獲得了如此深愛的自由，有必要回到家人身邊，與他們化解嗎？即便是活得再隨興的搖滾歌手，只要是身為女人，大抵都具有一股母愛，但就算是刻劃這種令人厭煩的幻想，為什麼藝術家的母性愛就不能描寫得更灑脫愉快呢？梅莉・史翠普的歌唱實力也讓人感到惋惜。但我非常喜歡這部電影中茱麗登場的那一刻。飾演茱麗的麥米・古默是梅莉・史翠普的親生女兒，臉蛋也很神似。她不知道有幾天沒洗澡了，只要一走近，似乎就會聞到頭髮散發出清麴醬的氣味，此外皮膚粗糙，身上還穿著睡衣。如果將她整個人倒過來搖晃，角質和眼屎可能會如暴雪般傾瀉而下。茱麗在得知丈夫偷吃之後，失去了生存的意志。甚至以這種狀態出門，在路上遇見丈夫。

離開最後一家公司後，大約有一個月，我恰恰就是那副德性。夜晚在床鋪上，早晨在沙發上，午後則在客廳地板睡覺，然後中間抽空吃飯。早上、下午、晚上睡覺的滋味各有不同；早晨睡覺最為香甜，午後睡覺有些黏膩，夜晚睡覺則是很乾澀。睡覺這件事就和酒差不多，如果一次睡上太久，就會沉醉於睡眠之中，無法打起精神，持續睡下去。直到完全無法忍受時，我會分別洗澡和打掃一次。但就我的經驗來講，五天一次很剛好，一個禮拜則是極限。洗完澡之後，我會有三天毫無顧忌地和朋友約會。因為懶得出門，所以主要在家裡碰面，那時我就會拿到別人給我的配糧。因為剛好碰上冬季，我總是穿著絨毛睡衣、絨毛睡袍和絨毛襪。這樣是不是太頹廢了？但很多時候，當我想起身做點什麼，又會隨即躺下，同時思考著，有一點懶惰又怎樣？有好幾年都像頭牛般拚命工作呢。哎呀，不管了。

這既不是什麼特別的事，也不是自我吹噓，而且我也沒有打算自我合理化，說這是一種自我治療法，好除去社會生活長期累積的毒素，或者說是一段省察或充電時光，為的是充實地安排往後的人生。實際上完全不是這樣。只是我什麼事也不想做，只是有了什麼也不做的時間與環境罷了。一旦擁有了時間與環境，任誰都會如此。之所以擺脫那種生活，也不是因為「我已獲得充分休息，現在重新開始吧！」而是因為工作進來了。

「如果一直都沒有工作該怎麼辦？要怎麼餬口？應該自我提升能力嗎？」倘若我有一絲一毫的苦惱，肯定無法輕易辦到，但我一點煩惱也沒有。這並不是基於相信我的能力。我信仰植物。我曾經在家中養過生草和生菜，植物的生命力令人驚嘆，只要有泥土、水、陽光與風，它們就能茁壯長大。我僅僅是在室內栽培了一個蘋果箱大小的菜園，但我一個人吃的速度，卻追趕不上植物生長的速度，最後弄得自己狼狽不堪。因為害怕轉眼間變得茂盛的菜園，我數度放棄了栽培植物。大韓民國國土大部分是閒置的山與田地。在過起社會生活後，有很長一段時間，我希望活在答案已然確定的數學或工學的世界，而不是從事付出與成果不成正比的創意工作。後來才曉得，農活才是名副其實「種瓜得瓜，種豆得豆」的世界。身在故鄉的母親總是如此說：

「我們的左鄰右舍中，沒有人是餓死的。海邊有魚肉，山上有野菜，如果爺爺、奶奶們嫌耕田太累，不去管田地也無妨。」

事情怎樣也不順遂時、想丟下一切時、對未來感到不安時，我就會想起那句話。那麼，心情自然就會感到平靜。當然，如果想要靠務農徹底自給自足，必須非常勤奮地勞動。但是，如果目標只是不讓這副身體餓死的話，我倒是有信心不管怎樣都能活下來。多虧於此，在我辭掉工作之後，還可以在毫無工作的情況下，一天睡上十二小時，自由自在地偷懶。仔細想想，降低目標，說不定正是能夠痛快當個懶惰蟲的祕訣。

《曲終人不散》中的茱麗就不是這樣。她之所以能夠偷懶，對未來無憂無慮，不是因為降低目標，而是多虧了有錢的老爸。不管原因是什麼，對於自己變成窮酸樣掙扎的模樣，絲毫不會感到內疚的茱麗，這點很合我的意。父母也沒有催促她，他們沒有嘮叨：既然對妳的狀況感到焦慮不安，就要努力去解決它啊，如果自暴自棄，那該怎麼辦？如果這就是家人，我自然是張開雙手歡迎了。

其實，如果看到什麼事也不想做、有氣無力的人，我就會忍不住發火。像是說想工作的妹妹們，明明說自己急需用錢，可是真的介紹工作給對方之後，一下子說這不滿意，一下子又說那不滿意而拒絕；還有早早就降低自己的眼光、悠閒度日的藝術家，如果把他們的才能給我，我一定會用在更重要的事情上；明明時間綽綽有餘，可是一旦要求對方幫忙一下工作，就會找藉口推託的後輩；不做所謂的「自我管理」，於是那份散漫展現在臉蛋和身材上的人；以及利用幻想逃避現實的朋友們，只要看到這些人，我就會性情暴躁地嘮叨一番。但那全都是因為不是我的人生、我的體力、我的時間、我的勞動，所以才會這麼說。其實沒有聽的必要，日子久了，我發現他們大部分都找到自己的謀生之道，過得還比我好。

我們所有人都有想盡情偷懶，想將一切拋諸腦後、閉門不出的時候。那對任何人來說，都不構成一種罪。如果當下沒有想做的事，那就別刻意找事情做。唯有保有這種自由，當我們碰上非做不可的事，或者想做卻嫌麻煩的事情時，才會感到比較不費力。只是不知道為什麼，覺得自己不能那樣做而已。認真說起來，是源自一種沒來由的不安感。就算就此完蛋了又如何？一包生菜的種子不過三十元。只要擁有一包，就能種滿一百個蘋果箱。而且，我們還有陽光、風、泥土與水，它們對我們每個人都很公平，全是免費的。

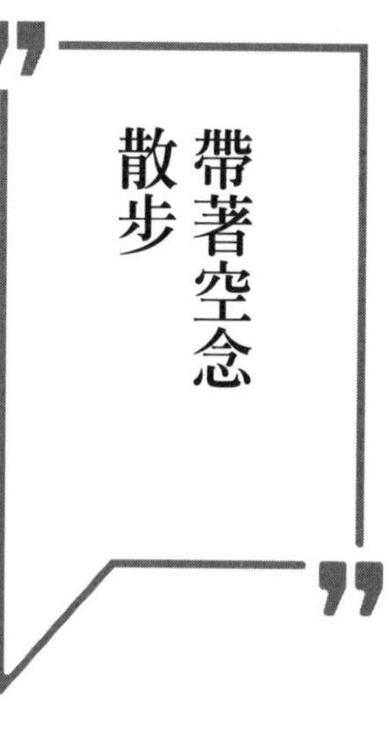

帶著空念散步

市中心的街道，
就像是
同時播放數百部電視劇的電視牆。

先前曾經看到一篇報導，一位在加拿大失蹤的人，五年後現身於亞馬遜。主角是一位患有精神分裂症的成人男性，從加拿大越過美國、墨西哥、瓜地馬拉、哥斯大黎加、哥倫比亞、委內瑞拉、巴拿馬、阿根廷，在巴西徘徊，最後遇見加拿大籍的巴西警察，回到了家人身邊。被發現的時候，他身無分文，赤著腳，身上有的只是幾件破衣裳。過去，男人靠摘採果實、乞討或翻找垃圾桶來維生。家人表示，他曾經說想去位於布宜諾斯艾利斯的阿根廷國立圖書館，推測這可能是離家出走的原因。

實際上，他在旅途中曾去了阿根廷國立圖書館，然後因為沒有身分證而遭到驅逐。我無法得知他究竟抱持著何種想法，但是想起這個故事時，心情就會變得愉快。他雖然活得像個乞丐，但從來不在同一處逗留，持續漂泊。從這點來看，可以說是真正的行旅，也就是浪人。

我非常熱愛散步，也常常會感受到想埋頭走路的衝動。小時候，我時常想像著，某一天要離家出走，步行到世界的盡頭。但是因為國境被截斷了，就算我真的採取行動，也只能往南方走四百公里，看個大海就回來。我以體力、安全、時間、經濟能力等各種理由當成藉口，將國土大長征一再延後，但偶爾，我會來一場漫長的散步。主要是在酩酊大醉的時候。雖然感到很慚愧，不過我酒後的習慣是「走路」。很奇怪，一旦喝了酒，我就會想走路。所以我經常發生喝酒到凌晨時分，走過漢江大橋與隧道，在陌生的社區徘徊，好不容易才回到家的情況。因為不認得路，所以也曾經走向八竿子打不著的方向。幸虧首爾的酒館與便利商店都是二十四小時營業，每條大馬路都能遇上人群。雖然可能單純是因為運氣佳，但總而言之，至今並未發生重大的慘事。只要這麼走著，腦袋似乎就會因為忙著管理身體，暫時遺忘雜亂無章的思緒與情感，變得無念無想。身體雖感到疲憊不堪，但對於腦袋而言，那便是一種休息。

我也曾經在凌晨時起床，到山林中散步。住在獨立門時，時不時會去走附近鞍山的水杉步道。

因為散步棧道設置得很完善，所以可以不必過度操勞身體，又能充分走上兩、三小時。漫步於大自然是件無聊乏味的事。視野一旦夠寬廣，出乎意料的可能性也就降低了。如果在視線範圍內空無一人，孤寂感就會迎面襲來。但是，目前做的事情有益身心的滿足感會油然而生，呼吸也變得輕鬆起來。所以啊，這就是身體的休息。當我感到血管因不良生活習慣而充滿毒素時，就會往山林裡去。

我平時也經常散步。到市區工作時，如果時間充裕，就會步行回家。我會從明洞、龍山、弘大前走到鐘路。雖然我會走訪新奇的店鋪、在不認識的咖啡廳喝杯茶，或在路邊攤吃個小吃，但大抵上只會專心地走路。在市中心走路也是一件令人筋疲力竭的事，空氣很差，而且很嘈雜，但那兒有最值得觀賞的景色，也就是人群。

我會遇上忙碌奔波的上班族，打扮講究的老人，令人眼睛一亮的時髦男女，探索著彼此的年輕情侶們，在大白天飲酒的人，宣傳小物品與金融商品、宗教與NGO等各種人群，還有同樣身穿校服，長短和樣式卻各有不同，嘻嘻哈哈的學生們。有時，還會有不知碰上什麼煩惱，在路邊大哭或爭執不下的人。市中心的街道，就像是同時播放數百部電視劇的電視牆。我僅是流覽預告而已，隨即與那些電視劇擦身而過。如果想看到劇情內容，就必須先學習如何向陌生人搭話，但像我如此謹慎小心的人來說並不容易。我只會選擇幾名映入我眼簾的角色，以臨演的身分悄聲無息地參與我的電視劇。這樣也不錯。各式各樣的室外地點與豐富多元的角色是高品質電視劇的必需條件，而我以散步滿足了這點。

《獨居月刊》的精神

所謂的家，不就是這樣嗎？
什麼事也不想做，
一旦進來之後，就不想出去的地方。

我的故鄉沒有文科高中，所以我到鄰近的小都市求學，在進入高中的同時搬到外頭住。我那位於學校前，只要徒步五分鐘的套房，不到一年就成了全校尋歡作樂者的基地。那兒是因為與父母不和、經歷情竇初開的傷痛、對成績感到悲觀等原因感到傷心的孩子們學習喝酒的隱密酒館，是躲避大人的耳目，沉溺於電影、文化與漫畫的沙龍。大致上來說，是個可以隨時任意進出，進來煮個泡麵吃和補眠的免費收容所之類的地方。從那時開始，我家獲得了「淑明房」的稱號。

雖然之後的二十四年間，我又搬家了二十一次，但情況總是不相上下。朋友們多半會在我不在家的時候自己開門進入，玩完就離開，只剩下來源不明，不知誰忘了帶走的衣服與書本、食材等散落四處。幾年前，我到國外出差兩個月兼旅行時，一位家裡沒有電視的朋友在我家看完了五十集的長篇歷史劇，而那台電視也是另一位朋友為了能隨時看棒球轉播買來的。

「好奇怪，只要到了妳家，就什麼事也不想做，連回家都嫌麻煩。」

朋友們經常說這類的話。這話還真奇怪。所謂的家，不就是這樣嗎？什麼事也不想做，一旦進來之後，就不想出去的地方。如果這不是字典上對於家的定義，還能是什麼？週末說要一起用餐，但進來之後好像背上有塊口香糖黏住般，蹭了三天左右，然後邊說著：「再這麼下去就要成為廢人了！」一邊逃走的客人，難道在別人的家中就沒有嗎？

因為從小叫大家來家裡玩就很稀鬆平常，所以我在布置上也花了許多心思。雖然現在室內裝潢的資訊俯拾即是，但在二〇〇〇年初期，韓國無異是室內裝潢的不毛之地。僅有的室內裝潢雜誌，也全是以擁有三十坪以上公寓的中產階級為族群，忙於展示只留下建築架構，翻修成西歐式的夢幻空間。一般市民用的一人家具、套房、多住戶的大廈月租房之類的，並不包含在室內裝潢的概念之中。

那時為我帶來一線曙光的，是偶然發現的日本雜誌。它教導了我一件事：雖然日本的基本框架與韓國套房的擁擠不相上下，但經過布置與收納後煥然一新的小房間、過著有品味的生活，並非富人的特權。我從中獲得了勇氣，親自在十七號的淑明房牆面上油漆，大費周章地在地面鋪上磁磚。這真不是件輕而易舉的事。大半夜開始的工程延續了三天兩夜，我帶著咯吱作響的關節在地面上爬來爬去，暗自懊悔自己對於文章最後寫著「我想說先弄弄看，後來丈夫下班後幫了我的忙，呵呵呵」的結尾視若無睹。

但一回生、兩回熟，掌握要領之後，後來我還幫別人家油漆了好幾次。越是如此，就越對不足的韓國市民住宅用裝潢樣品求之若渴。因此，從大約二十五歲開始，我的夢想就是發行《獨居月刊》。做雜誌的人一旦喝了酒，就會天馬行空地想出各式各樣的創刊點子，像是《炸雞啤酒週刊》《桑拿月刊》之類的無聊玩意兒（其中最無聊的點子，就是介紹創刊雜誌的《創刊月刊》）。實不相瞞，與其說是我要發行，不如說《獨居月刊》是對社會氛圍的一種反骨玩笑，因為當時認為一人家具是「目前還結不了婚」、不完整的人的臨停處。那時我剛開始住在首爾，購買的二手家電接二連三地故障，只要每次打算添購新家電，就會有人勸我：「反正結婚後還要買新的，再忍一忍吧。」「那我何時會結婚？」當我這麼一問，所有人都頓時語塞。

如今，社會上似乎已經達成協議，為了不知何時結的婚而延後樹立生活風格是一件愚蠢的事；提供單身族的室內裝潢資訊也隨處可見。但這也有個副作用。最近在首爾市區找房子時，經常看到按照部落格和尋屋App程式拙劣打造，最後搞砸的空間。像是原本想模仿工業風的咖啡廳，所以房東先將壁紙撕了下來，可是後來中途放棄，在進退兩難的情況下，房子宛如凶宅般遭到棄置；在牆面上塗了油灰，但塗得太厚，上頭又有許多手印，造成紋路上積滿了黑黑的灰塵；表面沒有徹底處理好就油漆，造就了滿是汙漬的洗手台和窗框等，只要看到這些，我就會像是成了那些房子的主人般感到很難受。

偶爾會有剛獨立的二十～三十幾歲的後輩，懷著不切實際的幻想，跑來找我諮詢如何DIY。不單純是因為沒有錢，而是因為對我的手藝和美感布置的風雅空間產生嚮往。電視廣告上屢見不鮮的青春意象之一，不就是一群朋友聚在一個陽光滿溢的工作室上漆，之後鋪上一層地毯，邊喝啤酒邊祝賀主角獨立的畫面嗎？但我總是給予忠告：

「DIY是『Destroy It Yourself』的縮寫，絕對不要做。如果我是房東的話，說不定會殺了你。假設你投注了三十五年的積蓄，成功地完成在這個國家幾乎不可能買房的任務好了，不能在那個家裡做的事，也別在別人家裡做。要是真的很想做，就弄可以拆掉帶走的家具吧。別花錢買，而是去撿來用，只要你嘗試一次，就會了解我的意思。」

不管櫻桃色裝飾線條和木門框、碧綠色洗手槽、紫紅色馬桶再如何俗氣，我都認為比「假貨」來得好。假裝成立體壁磚的塑膠、假裝成木材的展板、假裝成大理石的貼皮、畫了木紋的PVC板之類的，只會更加突顯房東貧窮可悲的慾望。搭配顏色之後，也許照片上煞有介事，但只要用雙眼確認那質感、光澤、分量感，就會不自覺地嘆氣。即便如此，媒體仍將漆料、貼皮、展板、油灰等當成哈利波特的魔法棒般欺騙大眾。

風格也是一成不變。大眾媒體炒熱的DIY資訊，就和SPA品牌的當季熱門商品差不多。沒有個性、看起來很廉價，而且很快就膩了。出門時可能自認為還不賴，但拿來與原設計品牌的高品質商品並列比較，或者站在不理會流行、按照自我風格帥氣打扮的人旁邊，就會默默地感到無地自容。與其這樣，還是集中於基本風格為佳。所以我會建議，盡可能將錢花在壁紙、地板材質、照明與清掃上，剩下的就用裝飾和收納來解決；或者就算會負債，也委託專家處理。

當我說出這話時，至今仍有人說：「兩年後就要搬家了，為什麼要在別人家花錢？」還能為什麼？因為這是我要住兩年的家啊。不管再貧困，如何前途無「亮」，甚至只是逗留一天，家就要像個家，這是我一貫的主張。沒有比美好的空間更能提振人的心情與提供靈感，而且家是我待的時間最長的空間。因此，在能力可及的範圍內，家有最大的投資價值，這就是《獨居月刊》的精神。順帶一提，最近我對《銀髮季刊》的嗜好勝過《獨居月刊》，所以還不知道何時才能出刊。

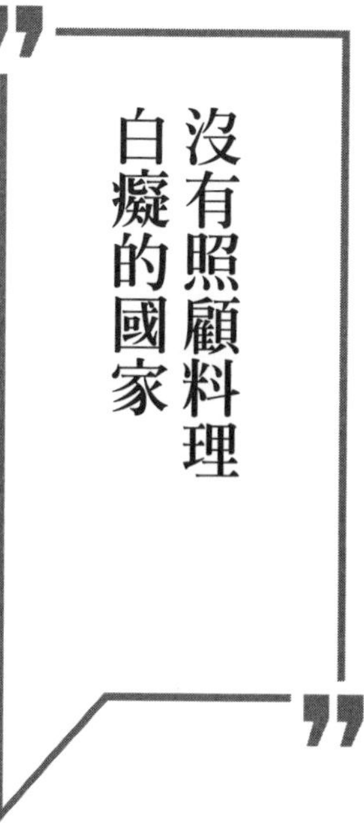

沒有照顧料理白癡的國家

相宇：「我會好好待妳。」
恩秀：「我，不會做泡菜。」
——摘自電影《春逝》

朋友的母親結了三次婚，也離了三次婚。我問了個中祕訣。

「我媽長得有點姿色。」

離婚的原因？

「不會做菜。」

雖然這不可能是全部的原因，但言下的隱喻明確且有說服力，所以沒必要再追問下去。

對於平凡的韓國男人來說，「飯」是家庭的同義詞。有個前輩一輩子沒親手切過蘿蔔，婚前丈夫懇切地拜託她，自己所求不多，只希望第一個月能替他準備早飯。「都結婚了，還吃不到一口飯嗎？」同事們個個驚慌失色。

電影《春逝》（二〇〇一年）展現了男女戀愛時的對話公式。恩秀（李英愛飾）與相宇（劉智泰飾）的關係始於「要吃泡麵嗎？」而後以「我，不會做泡菜」作結。最初看這部電影時，也就是說，在我還沒成為展示在乾魚類堆、貧瘠的職業女性之前，我一心認為恩秀是個壞女人。然而後來又經歷數次戀愛失敗，在全然以我的喜好、我的嗜好、我的顏色、充滿了「我」的家中獨自度過的某個週末，再次看了那部電影。而讓我點頭如搗蒜的，不是相宇的「我會好好待妳」，而是恩秀說的「我，不會做泡菜」。

在充滿了「我」的那個家中，有個八百五十公升的冰箱與義大利製的烤箱。但我單純因為沒有別的收納空間，所以在冰箱放了一整袋泡麵，八人用的電鍋裡還留有一個月前曾是米飯的某種有害物質的殘骸。

假如「我生來就是如此，你能拿我怎麼辦？」而硬撐著是屬於小孩子的戀愛，那麼無論如何彼此都會努力配合對方，就是屬於大人的戀愛。所以有一段時間我付出了極大的努力。結果呢，我獲得了一個教訓。就像世界上有音癡、路癡、節奏白癡一樣，還有一種叫做「料理白癡」，而且與味盲沒兩樣的美食白癡說要下廚，就和瞎子畫畫是差不多的。

許久前，因為每天都是善於下廚的男朋友做飯，基於愧疚的心理，我曾經試著想為他做餃子湯，結果一發不可收拾，最後由他調了鹹淡。一小時後，得到一桌飯菜的他苦笑著說：「很好吃，不過妳別再下廚了。」最後，有如佛祖般仁慈的那個男人，有一天說好要一起去野餐，對著空手現身的我說：「我以為妳至少會準備個紫菜飯捲。」然後揚長而去。

與擔任廚師的男人交往時，他每次都會對我拿出的食物評頭論足一番，不是太甜、太苦就是太鹹。於是我將他的飯碗一把搶了過來，倒在水槽中，大吼：「給你吃就吃，哪來這麼多的話！」之後，不管我做了什麼，他都會讚不絕口，但品嘗第一口時總是像宮中負責嗅聞氣味的尚宮慎重其事，嘗到味道之後，就像是聽到了無聊笑話般噗哧笑出聲來。

日本作家 Lily Franky的自傳小說《東京鐵塔：老媽和我，有時還有老爸》裡提到，作家的母親每天早晨守著醬菜缸，不管何時有人來拜訪，都能隨即變出一桌豐盛菜餚。也多虧於此，作家的家中訪客總是絡繹不絕。甚至兒子不在家的時候，朋友們也會跑來家裡蹭飯。因為那也是我夢想中的生活之一，所以有一陣子我收集食譜，拿充滿實驗性的湯料理來招待朋友們。但如果不是在酩酊大醉之下，或者飢餓到想吞下自己舌頭之前，所有人都無法欣然吃光。

但這也情有可原，因為不過就在幾個月前，我才下了極大的決心，將過期五年的醬油扔掉，之後進了超市，看到分類相當於化學元素週期表的一般醬油、湯用醬油、釀造醬油、日式醬油等而嚇得魂飛魄散。在那之前，我大致上會把過期五年的一般醬油倒在各種地方，至於發酵食品就算吃個千年萬年也無妨的想法，只是一種錯誤的常識觀念，我發誓絕對沒有想加害於朋友們的意圖。

最近下廚時也常常想起Lily Franky的母親。比起那位母親，我應該更適合扮演兒子或兒子的朋友之類的角色。當然，我永遠無法醃製泡菜，也不會有人因懷念熱騰騰的一頓飯而突然找上門來。不管怎麼說，這總令人有些空虛。

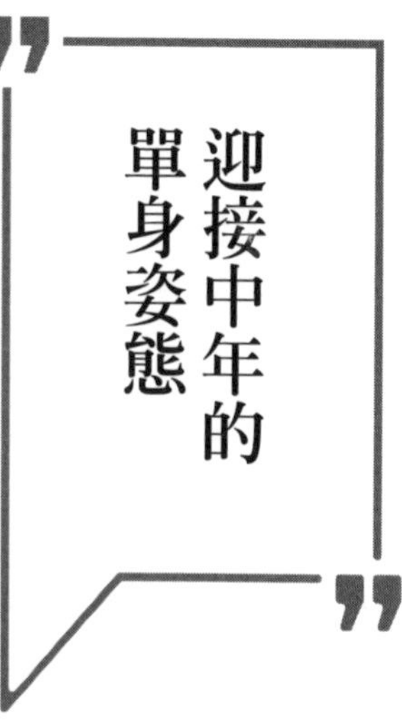

迎接中年的單身姿態

多方便啊？
別深陷在他人打造的幻想之中了。

我本來就是不太在乎年紀的人。我甚至曾大聲疾呼：「我的人生榜樣是瑪格麗特・莒哈絲（Marguerite Donnadieu）。」（小說家莒哈絲在六十六歲離世之前，和比自己年輕的揚・安德烈亞（Yann Andréa）度過十六年光陰。兩人相差了三十多歲。）揚是莒哈絲的忠實粉絲，是她的助手與伴侶，但現實呢？是啊，我也知道，我既不是瑪格麗特・莒哈絲，而這裡也不是法國，就算是只差區區十歲的年下男向我示好，我也會因為「這樣好嗎？」而不得不卻步。

那麼健康問題呢？過了三十五歲之後，無論我再努力遺忘年紀，身體總會讓我想起這件事。年輕的時候，不管是一個禮拜或是十天，我都能坐在椅子上打瞌睡並完成稿子。但不知道從何時開始，只要熬夜一天，我就必須躺上十天；從座位上起身時，也會不自覺地呼喊一聲「哎喲」，少吃一頓飯就會心浮氣躁，月經週期也越來越短。過去能夠輕鬆戰勝的小感冒，如今也會生病好幾天，什麼事也不能做，一輩子不曾有過的過敏與鼻炎也跟著上門。有一位要好的前輩在四十歲出頭時診斷出有恐慌症，之後變成了極度悲觀的人，不管一開始的主題是什麼，和她的對話最後都會以晦暗的老年生活作結。

「沒有老公也沒有孩子，妳是想孤獨死嗎？」

年輕時，只要我說不想結婚，經常會聽到這種威脅話語。在邁入四十歲的同時，這句話宛如計時器的鬧鈴般響起。真的這樣下去也無妨嗎？在從「獨自生活的女人」過渡到「獨自生活的中年女人」的階段之際，我不禁捫心自問。

恰好那時雜誌社委託我撰寫「女人四十歲」的專欄，於是我整理了二十歲～三十幾歲的女性對於四十歲的擔憂，並且向年長的女性朋友們詢問，然後關於「獨自生活的中年女人」的疑問，我也獲得了答案。這些內容非常激勵人心，她們至今也還不懂什麼叫做老年。還能怎麼辦？雖然不知道獨自老去會變得非常窮酸潦倒，或者是會快活無比，但我們所能做的，是從當前的現實一步步地活下來。我會將她們的話當成緊急糧食般放在心上，獨自興致高昂地度過中年。為了避免忘掉，所以我將那些話記錄於此。

「四十歲的女人還能談戀愛嗎？我很好奇四十歲的戀愛與愛情故事。」

在戀愛方面，四十歲正是展開新遊戲的時機，並沒有因為處於二十幾歲就擁有競爭力，也沒有因為四十幾歲就完全與戀愛絕緣。男人上了年紀之後，也會希望找到能夠對話的女人，因為裝模作樣的女人令他們感到疲倦。如今他們已厭倦了這種事，也討厭一再重複。四十歲的單身男女逐漸增加，所以機會並不像過去那麼稀少。

四十三歲，雜誌行銷人員

反而到了四十歲之後，多了一份自信、從容不迫與灑脫，所以性格上變得更加有利。即便是在開玩笑時，也不會猶豫「到底該不該插話？」而是掌握氣氛，想說什麼就說什麼，而有些後輩反倒會覺得這樣很有魅力。問題在於有些四十歲的朋友缺乏自我管理，如此一來就麻煩了。一旦過了四十五歲，不管如何保養，都會因為對於年齡的恐懼而導致戀愛處處碰壁。這種時候乾脆就專攻外國人吧。如果是單身女性，無論如何都要想辦法製造認識人的機會，試試約會軟體吧。

四十四歲，餐廳老闆

「當我說我是不婚主義者，有人便不由分說地主張結婚生子才正常，並且想說服我的時候，我該說什麼才好呢？到最後我只想躲開身邊相信『戀愛、結婚生子才是人生全部』的人。」

只要我認為沒關係就好了。不結婚的話，生活就能過得自由自在。要遇上好人才能結婚啊，為了結婚而和人交往，正是輸掉棋局的第一條件，是為了解決現實問題，而步入另一種現實。同時，也要拋棄「我的子女會是善良的孝子」的錯覺，孩子是福是禍，誰也說不準。丈夫也是，配偶的家庭亦是如此。想養兒防老？把養孩子的機會成本花在自己身上會更好，而且自己也要建立自信感才行，就是因為不相信自己，所以才會活在「只要環境改變，我就會跟著改變的錯覺與誤解」之中，但如果我不改，一切就會一成不變。即使是結婚了，也可能會遭遇失敗，再次恢復單身。唯有自己理直氣壯了，才能夠說服他人。如果沒有此等信念，就乾脆隨便找個男人結婚吧。我希望結婚的朋友們都能過得幸福美滿，但我從來都不認為，與他們相較之下，我顯得很寒酸不幸。老年的壓力大致可分成三種：金錢、丈夫、子女。單身的人沒有其中兩項，所以只需擔心錢就夠了。多方便啊？別深陷在他人打造的幻想之中了。

四十七歲，電影導演

在這把年紀結婚，運氣好的話要照顧公婆，運氣差的話就得照顧丈夫了。乾脆就獨自生活吧？

四十二歲，企業公關

「我很擔心到了四十歲之後，會爲年輕時未曾嘗試的許多事情而感到後悔。」

邁入四十歲之後，心境上會找到平靜。因為身體變得衰弱，思考的速度或是身體醒悟的速度確實緩慢許多，但也多虧於此，比起年輕時庸庸碌碌地過日子，現在變得平穩而從容不迫。經濟狀況比三十幾歲時好，也有大把的時間。不管是對工作和關係都已駕輕就熟，所以能夠減少不必要的過程。過去因為不熟練，所以總是手忙腳亂地忙了一整天，但最近反倒因為無聊得發慌，所以開始運動散步，尋找打發時間的新方法。也更經常地思考，要如何過活，才算是過得好呢？然後我領悟到了一件事——青春的巔峰期不是二十五歲，而是三十五歲。辭掉工作後去旅行、去留學，在三十幾歲的時候一切都有可能。

所以啊，如果目前還處於三十幾歲的年紀，就帶著「這個時期最為年輕美麗」的想法度過每一天吧。

四十六歲，編輯

「即便到了四十歲，也還會想要學習並挑戰新事物嗎？這是我最感到恐懼的。」

三十幾歲時，會因為野心而對公司投入百分之一百八十的心力，可是到了四十歲之後，就會開始思索我真正想要的是什麼。看前輩們就知道，不管三十幾歲時成就有多輝煌，到了五十歲就會決定要離開或是有新的開始，如果到時才想去做點什麼，可能為時已晚。四十歲，是需要有所整理的期間，不管是與之相符的眼光或實踐力都會產生。年輕時會不切實際，將重心放在討好他人的事情上，但現在會企圖去做我真正想要的事情，擁有投資在這上頭的勇氣與資金，也不怕別人如何看待或評價我。也就是說，人生的累贅消失了，所以我現在感到很幸福。不去想年紀這檔事很棒，因為我誤認為自己是不滿四十歲的女人，所以要是有人問我，還會感到混淆呢。從這種觀點來看，韓國的現實處境不免讓人有些傷感，不如就從外國的四十歲女性身上獲得靈感吧！你看她們有因為自己四十歲而無法做什麼事嗎？總之，我會一直認定自己是未滿四十歲的女人。

四十四歲，餐廳老闆

擔心熱情會消失？我反而變多了呢。而且，一定非得要有熱情嗎？如果沒有想做的事，不做也無所謂啊，可能是因為你比較喜歡這樣吧。就視當下的心情去活吧，反正沒有人會對你感興趣。如果要考慮到別人的眼光，那與二、三十幾歲時有何不同？三十幾歲時會陷入一個都不能放掉的無謂期望與希望之中，但到了四十歲就會有所放棄，沉著透澈地回顧我的狀況。大部分的不幸均來自於與他人比較，到了四十歲之後，就比較不會做這件事。年輕貌美時不是因此產生許多慾望嗎？但是到了四十歲就會冷靜地正視現實，沒有時間徬徨，也感覺不到它的必要性。

四十七歲，電影導演

Epilogue
一個人也能完整

我曾是個乖巧聽話的孩子，上幼兒園時，聽見老師說：「飯要咀嚼三十次以上再吞下。」於是我在家中數著數字咀嚼米飯，讓父母看了不禁捧腹大笑。可是七歲時不知怎麼回事，我在上學的路上出了場車禍，從此心生懼怕，從幼兒園輟學了，開始了所謂「放牛」的日子。在第一個社會化的階段中偏離零點一毫米的我，循規蹈矩地一路走來，可是在某一刻我環顧四周，發現已和聽話的孩子們走的路相差千里遠。

四十歲生日即將到來的某一天，有人問道：

「我想辦小型婚禮就好了，可是遭到父母反對，我應該順從大人們的意思嗎？」

還有人帶著半開玩笑的口吻問：

「結婚就一定要住大廈嗎？打聽了一下新婚房的價碼，但大廈貴到不行。」

答案每個人都心知肚明，這我知道，她也知道。最重要的是我自己，所以只要按照我的處境去生活就好，沒必要看別人的眼色。也有很多夫妻住在套房內扶養孩子，甜甜蜜蜜地過日子，不過一旦受周圍的氣氛影響，這件事就不容易了。

還有其他妹妹如此問道：

「我想要創作，不管是小說或劇本都好，也已經有了構思好的故事，可是如果上班的話好像就無法寫出來。即便如此，應該是瘋了才會辭掉工作吧？現在只要辭掉這個圈子的工作，要重新找工作不是很困難嗎？」

在那個場合中的全職媽媽與低收入自營業者紛紛勸阻，要她別為了寫作而辭掉工作，但我的想法不同。身為一名自由工作者的我，靠著到處投稿與寫書來賺取收入，但並不是因為我辦得到才辭掉工作，而是因為辭掉工作之後沒有收入，在心生迫切或是在玩樂時突然有了點子，加上時間很多、覺得很無聊，所以才會制定各種企劃，實現了這件事。仔細想想，在公司上班時忙碌多了，但總是以忙碌為藉口，對設計未來毫無作為。

有位姊姊說：

「最近我最羨慕妳了。」

這是因為她看我不用上班、想去旅行就能去，工作好像也漫不經心的，可是生活看起來並不怎麼拮据才如此說，但她的喜好比我高檔多了。為了能夠長時間旅行，我選擇搭乘需要轉乘多次的廉價航空，住在骯髒的民宿或男女共用的宿舍來節省經費，可是她所想像的旅行，是搭乘著商務艙、住在高級度假村，並坐在型男雲集的泳池邊啜飲紅酒。當然，她的經濟狀況也比我好上十倍。她羨慕我的，是即便我被丟在經常有蟑螂出沒的民宿內，也能嘿嘿一笑置之的適應力與得過且過的想法。

他們的苦惱究竟有多認真，我自然不可能會知道。但若以韓國人隱藏幸福、誇大不幸以及禮貌上自我解嘲的語言習慣，可能只是隨口說說，所以我也只是聽聽罷了。因此，別人吐露自身慾望與現實背道而馳的話語經常會讓我產生違和感。生於世上，每個人都會遇上危機的瞬間，其中有些事態嚴重，所以比起朋友的安慰，更需要優秀的醫療團隊、奇蹟般的藥物、政府支援資金、警察與護士或義工的奉獻。但是除此之外，大抵上都是對現實感到不滿，想換個方式過活卻無法如願的苦惱，也就是說「因為無法隨心所欲過活，所以才覺得自己不幸」。

解決方法很簡單。先掌握我是個什麼樣的人，去做我做得到而且想做的事情，剩下的忘掉就好了。但這並不容易，大部分的人都會在下決定的過程中犯下本末倒置的錯誤，他們會跳過「掌握我是什麼樣的人」的階段，反而說出「我就是想要這樣」的話來。因為不了解自己，所以隨波逐流地去模仿他人喜歡的東西、跟隨某人的指示、模仿別人的慾望，並誤以為那些慾望是我自己的，為了他人擁有我根本就不需要也得不到的東西而產生憧憬與嫉妒。就算願望實現了，也只會徒留後悔，心想「哎呀，這好像不是我所想要的」。

舉例來說，有一位朋友曾將「結婚後搬出家裡」視為目標，但在實際達成之後才領悟到，自己真正想要的不是「結婚」而是「搬出家裡」，而這件事並不需要結婚這個輔助裝置就能達成，並因此感到錯亂。她真正追求的是自由，可是卻因為沒能準確掌握自己的慾望，反倒變得更不自由了。

有位小伙子曾說出這番話來：

「我非常喜歡旅行，高中時曾和朋友兩人去國土大長征，也曾獨自前往印度自助旅行，東南亞也去過了。可是卻突然領悟到，我之所以旅行，是為了展現給別人看，所以我執著於拍照、想像要如何傳達這份感想與教訓，還曾經在感到疲憊不堪的時候，因為羞於放棄而堅持下去。其中也多少想炫耀『我過得很快活』以及賣弄喜好的成分，但領悟到這件事的瞬間，我停止了旅行。」

有許多時候，我們會為了展現給某個人看而做出選擇。從選擇出門的服飾開始，乃至工作、愛情、結婚等左右人生的重大問題，但必須承擔這一切選擇的人終究是我自己。

就算摸清了自己的慾望，偶爾恐懼仍會絆住自己的腳。比起制定擺脫現實的對策，我們在擔憂上頭虛度了更多時光，短則幾天，長則幾年，每天一成不變地罵公司、罵家人、罵朋友，折磨身邊的人，就算迫切地想要某種東西，也只會去找算命的詢問會不會成功，卻從來不去執行解決之道。

我曾聽選拔藝人的指導者說：

「跑來說想當演員的人非常多，大部分的人都會要他們放棄，因為實際上大多都失敗了，但我並不會叫他們放棄。也有人在其他工作上表現得很好，但到了中年，因為無法忘懷自己的夢想而找上門。如果是如此渴望的夢想，就算最後還是會放棄，但試著挑戰一次不是很好嗎？至少不會留下棧戀吧。」

是啊，在還沒嘗試之前，是不會曉得我能不能做到的，那並不是我們要判斷的問題。我們所能做的，是去做想做的事情，然後等待結果。可是大家經常會不著邊際地對結果產生恐懼而不敢嘗試，反倒將時間精力花費在「自己不太想做，卻可以馬上辦到的事情」上頭。如果只是瑣碎的家務事還無所謂，可是在人生重要的決定面前，大家仍不停地揣測結果，迴避自己的慾望，將時間投注在無意義的事情上。我曾經訪問過一位長久以來沒沒無聞、最後獲得成功的電影導演，他在訪談時開了這個玩笑：

「因為屢受挫折，所以我原本打算拋下一切去學習技術，可是突然產生了這種想法。我是要成為傑出導演的人，我可沒有資格讓大韓民國失去一位傑出的導演。」

從某種角度來看，預測人生是一種狂妄自大，也可以說是只有成功人士才能說出的結果論，但是在嘗試之前沒有所謂的成功或失敗。因為工作特性的緣故，我遇見了許多成功人士，這種結果論也聽過了無數次。我並不總是認同他們，也有很多時候想說：「可是您擁有運氣和才華啊。」來加以反駁。即便如此，在看到很明顯問題出在自己身上，可是卻找各種藉口不去嘗試、抱怨個沒完的人時，不免會感到煩躁。好比說，在聽到這種話的時候——

「這樂團的音樂有什麼了不起的？真不曉得大家在瘋什麼，這風格我早在十年前就想到了。」

是喔，我的腦袋裡也早就領過一百座諾貝爾文學獎了。

對於失敗的恐懼，大抵來自於將「去做」與「成功」兩件事加以混淆。有一次我在訪問獨立電影的導演時詢問：「一般想拍電影的人都會先參加考試，從就讀電影系開始，你怎麼有膽量突然將房子的保證金取出來拍電影呢？」

「那些人不是想拍電影，而是想成為電影導演吧。如果真的想做，不管用什麼方式都能做，可是問題就在於他們想成功，對已經成功的某個人有所憧憬。他們擔憂會立即失去擁有的東西而戰戰兢兢的模樣也很沒出息，因為他們所擁有的也沒什麼了不起的。失去一些又怎麼樣？人生哪有什麼『安全牌』？就算認為這是一條安全的路，也隨時都可能會失敗，既然如此，當然是嘗試做自己想做的事情比較好啊。」

這是我在擔任雜誌記者時獲得的話語中最有用的人生智慧。當時我還是個如果有人要我咀嚼米飯三十次，還會假裝咀嚼著十五次左右的有禮年輕人，同時也是個急著想學習「如何拒絕」的黃毛丫頭，而這句話使我從善良孩子的道路上又遠離了零點一毫米，也使我變得更加自由。能使我們不期待什麼豐功偉業，立刻去執行自己想做也做得到的事情，讓我們擺脫現實不滿的交通工具，就只有它了。

關係也是如此，擔心會不會被罵、會不會有所損失、是否會傷害到某人、使某人失望……無謂的擔憂太多了。就算有話直說、貪得無厭、隨心所欲地生活，世界也不會因此垮掉，別人反倒會認定「他原本就是這種人」，跑來煩你的人會因此減少。假使有人因為你的模樣而大失所望或指指點點又怎樣？失望與否，反正都是他家的事。

某次見到一位訪談風格以無厘頭著名的演員時，聽到會不會在意新作品票房的問題，他思索了一下，接著吸了一口氣回答：

「就算電影不成功，我仍得繼續過我的人生……」

我不禁笑了，之後腦海經常浮現這句話。就算天塌下來了，我仍得過我的人生，所以沒有必要動搖；無論別人說什麼，因為這是我的人生，所以只要隨心所欲去過就好了。有趣的是，幾年之後那位演員被鋪天蓋地的緋聞纏身，同時遭受眾人的指責、同情與應援，而我一面看著新聞一面想，世上的一切反應將不會對他構成任何影響，於是放下了心。不管別人說了什麼，他的人生仍會持續下去，比那些對他人的人生指指點點、加以嘲笑或擔憂的人過得更理直氣壯、更加幸福，而這正是使我們一個人也能完整的關鍵性咒語。「我的人生，由我來過。」

雖然事到如今說這種話有些抱歉，不過其實你獨自吃飯與否、獨自玩樂與否，一輩子獨自過活，或是每逢奧運舉辦時就換個人結婚，這些並不重要。真正要緊的是你正在過你的人生，也就是說是否在精神上充分地成為一個人。既沒有理由與他人比較，也沒有理由左顧右盼。不必為了別人住在高樓大廈，自己也舉債住在裡頭；也不會因為失敗了一、兩次，人生就徹底完蛋，所以沒必要猶豫不決。更不用單純為了某個人看起來很幸福，就去羨慕原本自己不可能去過的生活方式。

因此，我們同時需要充分理解自己。經過多年的觀察，我發現「懶惰」這個源源不絕且強烈的欲求，能夠超越我的一切欲求。我在想，我這個人會不會是由百分之八十的懶惰、百分之十的玩樂本能、百分之八的生產力與百分之二左右的成功意志所組成的。在做出此等分析之後，於是我有能力只挑選人生中適合我的，並輕鬆拋開不適合我的選項。因為，獨自吃飯、獨自玩樂、獨自生活才是最適合我的人生。

還有，或許其他型態的人生可能更適合你。像是因為太害怕孤單而無法忍受變成孤零零、從競爭與勝利中獲得喜悅的類型的人，抑或認為人生追求的終極價值是金錢、名譽或幸福家庭的人，在這樣的你的眼中，可能會認為我的人生很沒出息。不過，我們就別對彼此嘮叨了吧，因為我的人生由我過，你的人生由你過，只要我們都能一個人變得完整，那不就行了嗎？

國家圖書館出版品預行編目資料

一人份的幸福剛剛好 / 李淑明著；簡郁璇譯.
——初版——臺北市：大田，2018.11
面；公分 . ——（美麗田；162）

ISBN 978-986-179-538-6（平裝）

544.386　　107012327

This book is published with the support of Publication Industry Promotion Agency of Korea(KPIPA).

美麗田 162

一人份的幸福剛剛好

作　者｜李淑明
譯　者｜簡郁璇

出 版 者｜大田出版有限公司
台北市 10445 中山北路二段 26 巷 2 號 2 樓
E-mail｜titan3@ms22.hinet.net　http：//www.titan3.com.tw
編輯部專線｜（02）2562-1383 傳眞：（02）2581-8761
【如果您對本書或本出版公司有任何意見，歡迎來電】

總 編 輯｜莊培園
副總編輯｜蔡鳳儀　編輯｜陳映璇
行銷企劃｜高芸珮　行銷編輯｜翁于庭
校　對｜黃薇霓／金文蕙

初　刷｜2018 年 10 月 25 日 定價：320 元
總 經 銷｜知己圖書股份有限公司
台　北｜106 台北市大安區辛亥路一段 30 號 9 樓
TEL：02-23672044 ／ 23672047 FAX：02-23635741
台　中｜407 台中市西屯區工業 30 路 1 號 1 樓
TEL：04-23595819 FAX：04-23595493
E-mail｜service@morningstar.com.tw
網路書店｜http://www.morningstar.com.tw
讀者專線｜04-23595819 # 230
郵政劃撥｜15060393（知己圖書股份有限公司）
印　刷｜上好印刷股份有限公司
國際書碼｜978-986-179-538-6 CIP：544.386/107012327

填回函雙重贈禮♥
①立即送購書優惠券
②抽獎小禮物